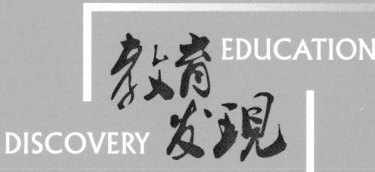

做新教师，从教育发现开始

教育发现

解码学校教育
王国平学校管理文集

王国平 著

山东文艺出版社

彼岸风景（自序）

我属于相对早一些由公办体制走出来，一步跨进了民办教育行列的"老民办"。刚开始小心翼翼地探路，并留有"回家"的退路。大约走过不到半年时，由于在民办学校中看到了我要的"风景"，这才义无反顾地大步前行，甩给观望和关心我的人一句很豪杰的话——好马不吃回头草。因为我属马。

至今，还会有一个画面隐约地在我脑海中浮现，那是"一河两岸、风光迥异"的场景。这边是河畔线性公园，有绿荫小道，亭阁座椅，显得万般姿色千种旖旎，与漫步的景中人相映生辉。可河对过却不然，没有人工雕琢，自然丛林掩饰了河边弯弯曲曲、隐隐藏藏的小路，引得大家颇有些猜想，甚至有些人很想游过河看个究竟。

我游过去了。

彼岸有风景也有风险，我照单全收，背起行囊，欣赏风景也体味风险，乐此不疲，成为民办学校和现代教育的一名践行者，走向了一片等待开拓的领域。

开拓似乎属于我。1972年参加工作不久，我分配的单位是鹤岗兴安煤矿第二开拓区，因为，这属于为井下采煤挖掘进场之路的活，所以叫开拓区。我喜欢开拓这个名字。如今，四十年过去了，还清晰记得我为单位创高产文艺报捷时写的一首歌词,歌名就叫"开拓者",歌词为:风机吼,电钻鸣,我们是英雄的掘进工,千米井下摆战场,夺煤会战打先锋……

喜欢开拓就不喜欢安逸。尽管原来在公办学校里,年复一年地抓高考,不断挑战自己,也颇有成就感。但是,心底却总是有一些装不下的问号:教育就是教书吗?教育的终极追求就是教会学生考试吗?学生们还需要我们为他们再做些什么?社会需要什么样的教育?什么样的学校才是好学校?

那时,我在高考一线属于冲锋者,年年载誉。可当有一年我用心用情用钢板刻印的一本厚厚的复习资料被学生考后撕掉时,我的心也被撕碎了,一地碎片无法复原,一种悲情无处搁放。或许,这也是我走进民办教育,去寻找理想中的教育的缘由之一吧。

的确,在民校初期颇有些很理想化的情结,也总是处在对比中、纠结中,甚至时有怀疑心态,怀疑"彼岸风景"的未来是否有前景。也由此遭遇了许多的困难和困惑,包括与办学者行为方式的冲突,包括家长以客户身份与学校的对峙,包括个别教育部门主管人员对民校的偏见,包括不得不做的市场行为,包括举步维艰的创业苦衷,等等。甚至,这些困惑直到现在依然没有得到全解,依然重压在许多民办学校的办学者和管理者的心头。

或许,正是在民办学校办学之难的"重压"之下,也是在强烈的生存意识下,我在实践中总结和积累了一些教育思考,并付诸笔端,以便和同行交流。那次,有一位在公办学校做过多年校长的朋友,翻读了我的书稿后,非常激动地说:你写的虽然许多篇章属于民办教育,但就我看最需要读这本书的却是我们公办学校的领导和老师,尤其是你谈的教育服务思想,正是当下公办教育的问题所在。

欣喜的是,近年来,不仅是民办学校因求生而行走在"开拓"的道路上,包括许多公办学校也在不断进取,也在致力于从课堂教学改革出发，用智慧和道德在办教育，在追寻现代教育的步伐。尤其是一些实施高效课堂的学校，用一种颠覆的勇气和胆识，全力冲击着旧的教学观念，努力构建新教育的操作范式和行动理念，并由此成为基础教育课堂教学改革的开拓者和领跑者。

如今，我对"彼岸"的理解似乎又多了一层含义，因为，当我们划界传统教育和现代教育时，现代教育的思想以及追逐课堂教改的领地就在"彼岸"。所以，在渐行渐思下，我坚持着笔耕不辍，把一路上留下的一些思考，把一些从实践中积累的经验，零零碎碎或不成体系的归结成集，但求能为民校人和所有教育人激燃出一些思想火花，为学校教育的问题找到最佳解决的密码，并与志同道合者，一道分享教育的"彼岸风景"。

目　录

彼岸风景(自序)

第一篇　学校管理

解读学校"四维管理"　/ 3

"家文化"是非谈　/ 13

我跟校长谈驾驶　/ 16

从海底捞起的管理智慧　/ 19

学校管理的常规与创新　/ 24

我看精细化管理　/ 26

从高效管理谈"看"与"管"　/ 29

从"推和拉"谈管理　/ 31

如何管理学校中的五大关系冲突　/ 33

管之度　/ 37

管理的"硬道"与"柔道"　/ 40

学校管理的螺旋式上升原理　/ 42

管理，不妨学点孙悟空和哪吒 / 44

正激励与负激励 / 46

我看"扁平式管理" / 48

"拉磨"、"钟摆"与"千斤顶" / 50

杠杆管理技术 / 53

说说福利那点事 / 56

绩效考核要考好 / 58

"背靠背"的工资模式不可取 / 60

"用人不疑"或让管理走入败境 / 62

我在学校管理中的七项创意 / 64

第二篇　团队建设

团队建设的力学原理 / 71

"权散人聚"是校长管理之道 / 74

校长的力量 / 77

校长的自激与活力 / 80

校长的"三头六臂" / 83

校长随身必备的"六件工具" / 86

为老师们不喜欢的校长画像 / 89

民办学校的校董关系 / 93

如何防止被下级"无良管理" / 97

中层干部的"十字线"和"坐标" / 99

新"三留人说" / 102

民办教师的生存态 / 104

在团队建设中别误读执行力 / 107

什么样的老师在制造"不快乐课堂" / 110

老师的眼睛 / 112

对教师而言,学校是什么 / 114

学点管理上级的本领 / 116

人生三级跳 / 118

寓言两则 / 120

第三篇 教育服务

民办教育发展的关键是教育服务 / 125

补缺和补差 / 127

教育服务当面向每一个学生 / 129

权力与服务 / 131

教育服务的八条真律 / 133

给"为人民币服务"的学校画像 / 136

民办学校的招生不是生命线 / 138

"请家长"勿倚强凌弱 / 141

曾经的一声叹息 / 143

别样的感恩节 / 145

看牙,我被预约了 / 147

第四篇　学习品质

学习是一种生命态 / 151

埋头只读圣贤书,最后成了"剩闲人" / 153

学校,让小学生厌学的三大原因 / 155

家庭,让小学生厌学的三大原因 / 158

社会,让小学生厌学的三大原因 / 161

都有什么不是教出来的 / 163

素质不是教出来的 / 166

让孩子"踮起脚"来讲话 / 170

奥数之恶 / 172

教学当关注学生的"内需" / 175

不该问也不该告诉 / 177

也谈个性化教育 / 179

"教出来的"和"学出来的" / 181

第五篇　坐在课堂

课堂情感方向标 / 185

高效课堂需要对话型师生关系 / 188

学贵在问 / 191

宽容"不漂亮"的展示 / 193

从高速公路到高效课堂 / 195

高效课堂中的"标点符号" / 197

高效课堂十二点 / 199

"角色转变"与"还权" / 203

"自学"与"独学" / 206

让考试变得可爱一些 / 208

蒙台梭利教育与高效课堂 / 210

谈"不吝赐字" / 213

强将手下出"弱兵" / 215

课堂流行语:棒、棒,你最棒! / 217

第六篇　民校发展

民办学校发展的记忆与思考 / 221

民办教育或处于"后补充时代" / 226

民校"七局" / 229

自揭短板 / 234

民办学校的"生死学" / 236

寻找学校的核心竞争力 / 241

民办学校办学者要有"三只眼" / 244

谁在为民办学校"探路"和"指路" / 247

是公办学校很弱,还是民办学校很强 / 249

民办学校或助推教育家成长 / 251

民办学校"张弛无度"的作息问题 / 256

叩问:明夕是何年 / 258

文化在前路在后 / 261

第七篇　教育茶座

我国基础教育之"九恶" / 265

教育之十大浮躁 / 270

素质与素养 / 276

考试谈 / 279

今天的"旧船票"能否登上明天的"客船" / 282

从食品安全说教育安全 / 284

教育在"温饱"之后 / 286

择校确实很纠结 / 288

读《论语》说"有教无类" / 292

学校"三品" / 294

忽见美国也搞应试教育 / 296

为啥有那么多的英语补习学校 / 298

"第八次课改"的后思考 / 301

以人为本之我见 / 304

人生也有"跳空回补" / 306

特长风 / 308

人生赢在拐点上 / 311

第一篇
学校管理

管理是支撑学校的骨架和灵魂,我提出"四维管理"说;
人文管理的境界是打造"家文化";
有家才能有爱,有爱才能让每一个老师与学校荣辱与共;
管理就是管"理";
管得在理乃为大道,管得顺理必定高效;
管理是一门艺术,管理是一门学问,管理是一篇文章;
好的管理必定是:
让微笑写到师生的脸上,让幸福留在师生的心中……

解读学校"四维管理"

引言与架构

所有管理当属对人的管理最为复杂。而学校管理的核心指向便是基于对人的管理,包括教师、学生乃至家长,均属于学校管理的范畴。

事实上,无论是企业管理还是学校管理,都存在一个从简单管理到复杂管理的发展过程,这是与时俱进的事物发展规律所在。例如,制度管理便是管理中的一个板块,这是任何一个组织,从人类社会出现时就必不可少的简单管理模式,或者可以理解为管理的基本面。而随着社会的发展与进步,现代管理的板块中突出体现了人本主义思想,强化了在管理过程中对人的关注,一般讲,便是通常所说的人文管理。如果从管理的本质讲,这种人文管理便不仅是对人的尊重问题,同时也是向科学管理的纵深发展问题,是提升管理内质,提高管理效益的问题。事实上,如果说制度管理是对群体的行为约束管理,那么,人文管理便是追求人的能量释放问题。这是管理一收一放的辩证法之所在。除了上述两种管理模块之外,另一个应该提出的便是目标管理问题。这里所讲的是组织目标,或者是对组织行为的方向性管理问题。具体为学校的办学特色、理念追求等。

上述的学校管理三个模块也可以称为管理架构的三个维度，即制度管理、人文管理和目标管理。若通俗地讲，就是管理、管人和管方向。此处的"理"便可以理解为制度。而在管理中的问题是，这三个维度应该是一个有机的整体，应该体现出相互作用的关系，维系这样的关系所依赖的就是一种内在的张力。于是，我们不妨提出一个第四维管理的概念，即文化管理。文化管理是一种渗透在其他三维管理之中的管理。如果我们把其他三维管理视为单项管理的话，则文化管理便是学校管理中能使三者之间产生张力的内涵管理。

制度管理的问题

学校制度管理主要是针对人的行为约束而言。一般可分为两类情况，一是告诉教师和学生哪些事不可以做，这是规范；二是告诉教师和学生各种事要怎样做，这是常规。可以定论，制度管理是任何学校保证教育教学以及后勤服务正常开展的前提，是所有管理的基础平面。若通俗讲，就是没有规矩不成方圆的问题。

事实上，制度管理的必要性没有讨论的意义，需要我们关注的是三个普遍存在的问题，即：制度的制定，制度的使用，制度的多少，这是应当引起学校管理者充分注意的倾向性问题。

出台制度要具有民主性。许多情况下，校长凭着自己多年管理的经验，便会"政出帷幄"，特别是一些新创办的学校，一般在办学伊始就由校长或其他有经验的管理者提前把各项管理制度整理出台了。我当然不是全盘否定这样的做法，关键是制度要切合学校实际，不应该是"大一统"的模板化。所以，更好的做法还是由教师或部分教师代表参与，结合具体情况来制定为好。这样便为将来制度的执行打下了良好基础，而不会因为制度本身的一些不科学或操作性等问题，使管理者与被管理者之间形成壁垒。另一个问题就是当学校在运行过程中，突然发生一些因现有制度不完善而出现的问题，于是，便会发生"校长一怒出制度"的现象。这也是一个较为普遍的问题，作为学校管理者必须引起注意，因为，这样的做法若考虑不慎便会伤及制度管理的健康性。

关于制度的运行问题主要是操作者的技术问题。常常听见的一句话是"对事不对人"，这是解释制度运行的平等原则，当然是没有问题的，但实际上往往有些管理者就用这句话遮掩了人文关怀，让违反制度的员工感到领导似乎有些"目中无人"的味道，甚至被误解为领导在用制度"整人"。其实，坚持制度，对违反制度的员工进行严肃的批评和依据制度做出正常处罚都是无可非议的，但此时管理者的态度、语言甚至表情却非常重要。应该是严厉中含着关爱，批评时不翻旧账，不横加联系，论过时不忘前功。只有如此，当被批评的员工能够心服口服时，我们的制度管理才真正起到应有的效果。或者说，这样才体现了"合理"与"合情"的管理艺术。

另一个问题是关于制度的多与少的讨论。制度的完善是否就意味着制度建立得越多越好？我们在实践中得到的结论并非如此。有些学校做了一本厚厚的制度汇编，并谓之"全覆盖""无缝隙"的制度管理。但事实上，首先出现的是"墙上制度"问题，接下来便是因制度多而导致各种管理的量化表格如山似海，由此便不得不组织一支庞大的管理队伍。而这样的强态管理在运行过程中便难免对被管理者造成一种心理压力，从而就极有可能出现明抵暗抗等现象。尤其是学校教育教学工作，更多体现出的是创造性劳动的特点，于是，可能看到的是，这样的管理会形成适得其反的效应，没有因为制度的完整和大密度的管理而提高教师群体的积极性，反而让管理者和被管理者都感觉到身心疲惫。辩证地讲，这里存在着"多就是少"的问题。由此，我们也会想到"少就是多"的道理。曾有一所学校，他们的基本制度中就缺少"上班不许迟到、早退"

这条规矩，而这样的校规可以说没有哪个学校和企业是不把它写进制度文本的，然而校长的解释是，从建校以来老师们便把学校当作自己的家，只有早来晚走没有迟到问题，所以，我们出于对教师的尊重，干脆就暂时不谈这样的约束条款。如果说这是"无为之治"，倒不如说这是一种文化管理，而自觉自律的行为文化也应当说是我们对管理境界的追求。

总之，依法办学和制度管理是必需的，但"目中无人"的制度和制度泛滥的做法在学校管理中也是不可取的。尤其是要充分考虑到教师行业的创造性工作特点，所以，活用制度、简约管理应该是校长予以研究的问题。

人文管理的解析

大家在讨论人文管理的时候，常常会以为这是与制度管理不同的软性的东西，许多时候是无法用具体的文本和模块来清晰表述的。其实不然，包括人本管理的思想和认识态度，也存在管理艺术与操作方法等问题，都是可以具化和概括的。正如前面所言，教育的创造性劳动本身就确定了学校管理应该高度地关注对人的管理，再具体一些讲就是关注人的情感管理，研究如何挖掘人的自觉能动性。所以，我们可以说"管人"就是"管心"，就是通过优秀的人文管理，释放出团队中蕴藏的最大能量。

纵观近年来的学校管理，几乎没有谁不在谈人文管理，至少在口号中也要表明态度，否则便与当今的人文社会相悖。可实际上，一些学校是否真正做到了关注人的存在与发展？是否存在对人文管理的不解和浅解？这些问题是应该进行一些探讨的。我们从实践中发现一般有如下四个问题。

首先是简单理解和庸俗化操作问题。有些管理者一谈到人文管理时，便会把它与制度管理对立起来，简单地认为人文关怀就是创造宽松的管理环境，甚至忽视了制度管理基础层面的存在。而与此同时的另一个表现便是"哥长弟短"的庸俗化问题，似乎这样的群体关系便可以大家"你好、我好"地把工作干好，岂不知如此的曲解和浅解根本就不是现代人文管理的内涵和品位。恰恰相反，长此下去，丢失的是规范，表现出的是文化低下，势必使学校整体工作出现大问题，使学校无法走进健康的科学管理轨道。

其次是人文管理的基点问题。不难解释，我们所说的人文管理问题最终都会落到对人的尊重层面上，这也是如何"管人"的态度之所在。其实，这既是人文管理的出发点也是人文管理的核心问题。有位校长在多年的管理中总结了这样一句通俗的话：校长要把教师当人看，教师就会当牛干；校长要把教师当牛看，教师就不干！这是点到了人文管理的"穴位"上的精辟之言，所揭示的就是人文管理的前提和核心，或者说人文管理的环境首先建立在对人尊重的基础上。

再次就是人文管理的体现与方法问题。一所学校的人文风气如何，首当其冲的表现是干群关系、领导作风。具体说就是，领导是否能走进群众之中？是否具有服务意识？是否能够做到吃苦在前、工作在前？否则，若处处体现的都是"官本位"或"管本位"，那么，何谈人文管理！即便谈人文也是做样子、搞形式。可举一列，有所学校的校长定下一个会议规矩，凡是全校大会均不设主席台，只有一个讲话台，谁讲话就自己一个人站在前面，不要一帮人"陪绑"。试想，多数的做法下，所有管理人员，大大小小一排坐到主席台时，也就同时在干部和群众中自然形成一种对面、对立的心理效应，这就是问题所在。还有一位老校长，在学校中他的办公室最小，办公桌与教师所用的一样大，经常走进教室、办公室现场听课、调研和现场办公。所以，他深受教师的敬爱，并且在他带领下的管理团队也体现出了与教师融洽的干群关系。至于能够体现出人文管理的方法问题并无一个可以界定的模式，是一个因人而异的问题。但总体讲，无非是在尊重教师的前提下，管理者要加强与教师的沟通意识和技巧，要学会用欣赏的目光看教师，要学会恰当地激励教师和及时地肯定教师的工作成绩，同时对发生在教师身上的问题也要在保护其自尊的前提下进行批评。当然，也包括许多学校的一些节日、生日问候，特别是一些学校能不断提供各种机会让教师开展业务学习，关注教师个人成长和发展等等。这些做法的根本就是人文管理的体现。

最后是人文管理与其他维度管理的关系问题。主要在人文和制度两个维度上的关系构成比较重要，因为，这两个维度的区别是一张一弛的关系。恰当地和健康地构建制度体系，包括制定制度的文本和语言，如果处处都有着对人的尊重、理解，则人文管理的实施也会做得轻松一些。反之，若一所学校的人文环境很好，那么，执行起制度来也同样会易于接受，起到真正的约束作用，不会出现"上有政策下有对策"的现象，使制度运行得很顺畅。除此，人文管理与文化管理也是存在着密切联系的。一所学校之所以能够谈及文化，并体现出文化管理的高度，一个前提是，学校的人文氛围一定是优秀的。或者说，大家的心思都和学校的发展捆绑在一起了，个人的成长与学校的发展和谐共振，这时，我们才能够真正谈到学校文化的"形神统一"，才能从实际意义去讲文化管理。

目标管理的把握

首先界定，我们这里谈的目标管理是指学校发展的方向性"大目标"，与一般所言的阶段性目标和所谓的终端管理内质是有区别的，所以，我们不妨通俗讲，叫做"管方向"。

事实上，标引学校发展的教育大目标必须与国家教育方针一致，但作为学校自身的校本发展，或者说从特色立校和办学高度的意义讲，校长的管理必须要考虑到这个问题。尤其是在目前竞争发展的社会体系中，任何一所学校都应该思考如何规避同质化竞争的问题，都应该构建属于自身教育教学或管理特色的奋斗目标。一般来讲，我们在探讨一所学校的发展目标时，应该考虑的问题有三个：

首先是自身基础和定位问题。这里谈的基础是指学校硬件环境和队伍状况以及周边学校环境等因素。例如，一所农村学校，不仅硬件环境谈不上，而且师资条件也不佳，但学生的朴实、勤奋，以及那种渴望通过学习来改变自己和家庭的愿望都是自身的优势，所以，作为学校管理者便应该从这些优势的地方入手，设计符合实际的目标。也就是可以从优质育人的德育工作上动脑筋，立足本土意义，把培养学生的做人品质放到第一位来制定一个表达学校追求和理念的目标。如若学校坐落在城市，设施设备优良、师资优秀，那么，我们便可以考虑国际化特色、英语教学特色或艺术特色等目标。如果是寄宿制学校，则完全可以把培养学生的群体教育和生活教育提到一个办学发展的高度，制订出一整套适应学生生活教育的校本课程来实施自己的教育目标。

其次是目标管理的稳定性问题。当然，这必须是经过一番讨论或经历一段办学过程，科学认真地把一个适合本校发展的方向性目标确定下来，之后就是让教师和学生都明确这一奋斗目标，并讨论通过怎样的教育教学途径来实现这个既定的目标。那么，为何要提出稳定性问题呢？主要是由于"铁打的学校流水的官"问题，而这样的问题表现就是，换一个校长就换一个想法，往往是"此事未竟又寻他路"，最终一事无成，让大家跟着迷失方向。所以，我们可以说，实现目标的关键是坚持。

另外是实现目标的操作问题。用一句简单的话讲就是"不能说一套做一套"，而应该是在学校的各项工作中，包括教育教学都始终瞄着一个大目标来进行。例如，有一所学校提出"做优质教育服务"的理念，这就是学校的大目标。在实现这一目标的过程中，就必须是全方位的，既包括上好每一节课，关注和关心到每一个学生，也包括后勤服务和对家庭教育的指导性援助等。因为我们的服务对象是学生和家长，所以，在这样的目标指引下，学校的每一项措施，每一项活动，以及日常的教育教学都必须做到"急家长之所急，想家长之所想"，也包括对学生的各项合理需求，必须认真地站在教育服务的高度来认识和操作。这样才不会违背自己既定的目标，才使目标管理具有实际意义和效应。

文化管理的内涵

荷兰哲学家皮尔森说："文化不是一个名词，而是动词。"而我国较早对文化的释义是"以文教化"，所以我们可以这样认为，"教育的过程就是人被文化着"，或者再直接一些讲，文化是具有教育功能的。当然，若从学校管理的角度来谈，文化便具有管理作用。事实上，不仅于学校，凡是能够做到"百年老店"的企业，都具有一套属于自己的企业文化，而且是因为有了自己的文化，并被文化管理着才获得基业长青的发展结果。所以，作为学校本身就应该是比企业更加清晰地表现文化的地方，或者说在学校必须上升到一个高度来认识文化管理的问题。而就目前的学校管理来看，我们认为关键是从文化管理的构建和认识出发，搞清楚这一概念的内涵中存在的四个问题：

第一是形成与提炼的问题。文化是一种过程的积淀，学校的文化形成更是如此，必须经历相对稳定的资源生成和相对长久的时间积累。然而，有些新创办的学校，因为有现代学校管理的思想指导，所以，常常是在初创期就整合了一系列先进理念，以及推出了一整套具有文化色彩的管理概念，也包括校园文化的形式建设等。但必须清楚的是，这与那些历经百年办学，至少有几十年时间积累的学校去一并谈学校文化是不同的，因为后者经历过一种自然的生成，是从内到外的积淀、发展和从外到内的发现、提炼，最后用一份厚重来诠释学校客观存在的内涵。而前者，我们应当肯定的仅仅是一种积极意义上的文化诉求，是一种管理架构上的价值取向，而绝非可以简单认为这就是文化管理，因为文化管理是根植于群体中的一种内涵。

第二是本土特色问题。文化管理不可泛泛也不可模式化，正如前面所言，她是基于一个团队，基于长期积累，所以，文化管理的基本特点是具有本土意义的。而目前许多学校的文化标识性理念常常会出现"通用格式"问题，像"团结、拼搏、求实、创新"一类的口号，比比皆是，这就是一个问题。这是缺乏自身精神细胞所致，不是没有自己的东西，而是不会提炼自身特色的文化问题，尤其是那些多年老校，一定可以找到属于自己的文化积淀。如清华大学的"自强不息，厚德载物"，多么深刻隽永，又如山东高密一中的"为四十岁做准备"，简单亮丽、直抵胸臆，并且都表达出了属于自己本土的文化内涵。

第三是形神统一问题。人们常常谈的校园文化环境也是需要界定出内在和外在区别的，外在的是显性的可以目视的环境布设，而内在的才是真正的学校文化之所在。有些学校在大谈特谈校园文化的时候却忽视了内在文化的发掘和养育，形成了有形无神的不和谐现象。当然，外在的环境对学校文化的推进是不可缺少的，但构建学校文化的重心必须搞清，或者说只有从内涵深处得到的文化才是具有实际意义的校园文化，才可以去谈如何让文化来管理学校的问题。

第四是对其他三维管理的作用问题。文化是一种管理，是高于其他模式的管理形式，并且，文化也在管理着其他管理维度。这是文化管理与其他三维管理的内在关系。如果我们用直角坐标系来描述其他三维管理，那么，文化管理就是第四维管理，是无法用空间坐标来表达的，因为文化管理具有渗透性，是在各个维度都可以找到影子的作用式管理。或者，再深刻一些讲，文化管理具有一种力量叫做"张力"，因为这个

"张力"的作用，其他三维管理才可以形成有机整体、形成管理架构。我曾为学校提出"以爱育爱、以真求真"的文化诉求，所以，在这一文化管理下，制度的建设中就有一条，凡是考试，绝不允许任何弄虚作假的行为出现，这是"高压线"，一旦触犯就用最严厉的制度去处罚。同样，因为"以爱育爱"，在人文管理上赋予校长及管理者的思想和行动就是，必须真正做到处处想着教师、爱着学生，用一片爱心打造一个健康的学校人文管理氛围。

其实，文化管理与其他维度管理的更重要区别是其博大、精深，是管理思想和艺术的集中体现，是管理的至高境界，所以，需要我们探究的问题还有许多，需要大家来认真研修和具体实践。此处的简单论述，只言片语，管中窥豹而已，但愿能给读者带去一点思考。

"家文化"是非谈

我是在2006年办学之初,看到创业激情下老师们以校为家的工作态度时,首次提到了"家文化"的概念。那时,很感性,没有查实其他企业和学校中是否有此说法,也没有用理性去思考、论述。

后来在渐行渐思中,也在诸多管理者都谈家文化的情况下,发现家文化的确存有"是非之争",需要辨析。而辨析的思路应该是,先"非"后"是"。

至少有三个问题属于"非家文化":

第一,家文化不是家族文化。有人把家族式管理美其名曰家文化,此为大谬。这种情况多出于私立学校或私企的家族式管理中。如有些私立学校的投资者就把学校视为自己家的学校,把亲属乡党都弄到学校中,不论文凭、学识、专业,也不看能力,只是任人唯亲,称为"自己人"。如此用"自己人"管理"外人"的问题肯定很多,也肯定不会"天下归心",所以,这样的家族式管理与家文化根本不搭界,充其量属于"家族模式"。

第二,家文化也不是"水浒山寨"版。动辄兄弟姐妹,甚至把校长称为"老大",领导班子也被排上座次。无论是工作还是生活,时时讲义气,处处讲和气,今天一桌酒,明天一聚会,张口讲忠字化,闭口说一家人。表面看来一团和气,很家庭,很江湖,殊不知这样的文化就是一个庸俗，别无可言，究其根本就叫"没文化"。

第三，家文化更不是无政府主义。有人一谈到家文化就说"啥事都好商量"，"都是一家人"。其实，这是对家文化的根本性误读，常言道，家有家规，而且，在中国传统的家族文化中，家规甚严。包括曾经的封建王朝，在极端家族文化下，能赖以生存的根本也是有着很完善、很严格的规章制度，否则，在皇族统治下的王朝何以长久？

那么，家文化究竟是什么？家文化的管理优势何在？

我认为，可以从如下五个问题谈起：

1. 家文化是一种团队内敛也是一种能量释放。具有家文化的团队必定是最团结的组织，是有文化内核，有行动约束，有方向统一特点的团队。这便是团队内敛的表现。也正是基于此，在这样的团队组织里，才能体现出合力效应，才能最大限度减少内耗，才能释放出团队的整体能量。

2. 家文化能体现"不计较"。这里所说的是"不斤斤计较"，是学校管理者不和老师斤斤计较，不是像有的学校过度量化，在工作中用庞大的考核队伍，处处计时计量，算小账。若如此，老师们就会"给一分钱就干一分钱的活"。所以，在互不计较下，校长把老师当作自己家人，老师也就会把学校当作自己的家，这叫"家有家样"。

3. 家文化能让人人当家。家文化不同于家族文化的一点是，不讲家长作风，推崇民主理校。其实，这个道理很简单，当所有的老师都是被管理者，也是管理者的时候，人人都有职有责，都承担了学校的不同责任，就像家庭一样，谁都是家庭的一员，谁都要为家庭担当着属于自己的那份义务。而这样的荣誉同属，这样的组织和谐，才可以称之为文化，是家文化。

4. 家文化把工作视为生活的一部分。西方的一些企业在过去曾讲过，"工作向左，生活向右"。这是说工作就是工作，与生活是有分水岭的，是为了生活不得不去赚钱的问题，这是与中国式的工作、生活观念截然不同的观点。在中国则不同，文化习惯上，人们总是看重工作与生活的捆绑，包括交朋友都首选他的工作单位。所以，在家文化中体现最突出的就是享受工作，并与享受生活同论。反之，若是老师们在学校中工作得不开心，也就说明学校中缺乏家文化。

5. 学校家文化中还应该让学生以校为家。这属于学校管理的特点，是爱的教育下才能做到让学生喜欢学校的问题，也如歌中所言"因为爱，所以爱"。更是因为老师爱学生，学生喜欢老师之后，达到了"亲其师，信其道"，并由此而做到了"爱其校"的家文化所在。然而，当我们反视那些素以严格管理为名，把学校办成"少管所"，老师好像"狱警"的学校，我们便知，这样的学校无论如何都谈不上有家文化，因为对学生而言，在这里没有爱，没有爱就没有家。

总之，当企业界都在大谈家文化时，学校这一必须充满人文情怀的地方就更当如此，更要研究如何打造一个具有家文化内质的团队。这样才能让我们的校园里充满阳光，充盈爱意，如家一样，让教师幸福地工作，让学生快乐地学习。

我跟校长谈驾驶

跟校长们谈谈汽车驾驶是我的长项,就像跟司机谈如何当校长一样。这是笑谈,也属于"扬长避短"。不过,用校长的职能来管理学校的许多道理,也确实能够从驾车中悟到。

比如,驾车中的把握方向、寻找路线、加速减速、换挡、加油、保养,以及如何遵守交通规则等。细细品味和联想,道理都含在了学校管理中。

以下为比较与思考:

把握方向

这是关乎于学校发展方向与追求目标的大事,是作为校长必须考虑并提出的首要任务。尽管从宏观上看,我们都必须坚持执行国家的教育方针,但对于具体学校而言,在属于自身构建上,还应该做出校本特色,包括管理和课程的个性追求,这就是"管方向"。否则,作为校长如果没有提出自己学校的特色和内涵建设,跟着别人,"只低头开车,不抬头问路",最终也只能算是一个平庸校长。

寻找路线

前提是要明确方向,然后开始寻路。在学校管理中,"寻路"便是在目标指引下,寻找适合自身发展的行动方案。比如,校长提出"人文与制度相结合"的管理思想,那么,问题就是如何在制定和实施制度的时候要"有人味",要把对人的尊重与个人的发展需求融进制度中。又如,校长提出"发展素质、快乐学习"的目标,那么,接下来的事情就是要建设一整套能达到这一追求的课程体系,包括课堂教学的方法和模式。

换挡与加速减速

汽车在爬坡的时候需要换低挡加力,速度高的时候也要换成高挡位,这是汽车驾驶中的力度与速度的关系问题。这个道理在学校管理中也很适用。比如,学校组织课外大型活动需要加力,这个时候就不能同时再去搞课堂教研活动了,甚至要把教学活动的速度放慢一些,不能"鱼和熊掌兼得"。也就是"一张一弛"的道理,否则"汽车"就会被憋灭火。

加油与保养

这里有两个问题。一个是必须始终保持汽车油箱的储油量,否则在低油量下运行久了就会有损油泵和其他配件。这好像学校老师的工作干劲,每过一个阶段就要想方设法去再次激励,常规的、非常规的、个性的、集体的激励手段都要用,这样才能保证学校团队始终处于士气饱满的积极状态。

另一个问题是,汽车在行驶了一定里程后必须要保养,尤其是润滑系统会出现"烧机油"现象，严重者损伤气缸。这又好比教师们在工作时间久了就会出现职业倦怠一样，也需要"保养"；同时，作为校长还需要警醒教师团队中的关系问题，当一些矛盾出现了，校长必须解决这样的内耗，必须"保养"，加"润滑剂"。不然，在以人为本的学校管理中，伤及人际关系的结局很厉害，会让学校出现"硬伤"。

交通规则

学校的依法办学，遵守上级管理部门制定的规章制度，这些问题都是校长必须管好的大事，就像遵守交通规则一样。除此之外，在学校内部制度建设方面也有这样的问题，如教师行为规范、纪律约束等一类的制度。校长应该是这些制度的最高监督者，校长的制度把控以及对执行制度的严肃态度很关键。

当然，驾驶汽车违章有交通警察管理，校长在办学上是否遵纪守法也要有高度的警醒，对外不能违法违规，对内还要建立学校自身的行为规则。

综上，我只是简单地从驾驶角度解释了一些学校管理的事，绝非以偏概全。也不能说懂驾驶了就懂学校管理，只是借鉴和理喻。

从海底捞起的管理智慧

海底捞是谁?是一家火锅连锁店,因独特的管理而蜚声国内。不久前,我在赴港台之行出发时,在郑州机场买了一本书,黄铁鹰写的《海底捞你学不会》。这书很诱惑,一路上边读边思边记,回程中收获了一箩筐的想法,很是厚重。恰好在省民办教育协会的公益讲座上,让我有机会把自己的心得和与会的管理者们进行了一次分享。

以下稍加整理,是我对海底捞火锅店管理的七点感受:

服务

如果把服务分为四个境界:基本服务、满意服务、意料之外服务和无法想象服务,那么,海底捞至少进入了第三境界,做到了意料之外服务。

做到意料之外的服务并不难。那次,我在海底捞就餐时,对看台的服务员说要一头大蒜,但当时这位负责我们桌子的小服务员正在忙着给邻桌点菜,只是认真地对我说:稍等。意料之外的是,刚过一小会儿,那位服务员还在点菜中,一头大蒜却由另外一位传菜的小伙子送到我的桌上了。惊讶后,我问:你咋知道我要大蒜呀?他憨厚地说:刚才路过时听见了,你们桌的小妹正忙,我就帮忙拿来了。这事很简单,但又不简单。我有意考测他,问:你是不是跟她很好才帮她?小伙子脸一红说:不是,我们谁都会这样做的。

这只是一件小事,至于像扶老年人去卫生间,为过生日的顾客送小礼物,给顾客送伞,为孕妇打的送上车等等,都是发生在海底捞最常见的事,都会给顾客送去一份意料之外的小小惊喜。

微笑

但凡去过海底捞的客人,都会记住海底捞人的微笑。海底捞的微笑不同一般,不是那种商业气息很浓的服务人员在脸上堆起的假微笑,更不是一些培训中要求的露出八颗牙齿的机械微笑。当然,我没有去数海底捞的微笑露了几颗牙齿,但那种笑容是发自心底,流露在外的真诚,就像久别的朋友见面的微笑。可以说,从进海底捞到餐后走出,所见的笑容都透着海底捞的文化内涵,别处难找。

为何海底捞的微笑如此迷人?黄铁鹰的书中有一句话:"当感到幸福时对人才友善。"我悟到了这里的缘由是,因为海底捞人在享受工作,在幸福中,所以海底捞的笑容中就自然流淌出了友善,亲友般的友善。

对比下来,为啥有些饭店的服务员面孔是冷冰冰的?我想,无疑是在述说,这里的管理很糟糕,工作不幸福。于是,想到了我在学校管理中常说的话:好教育"写"在学生的脸上,好校长"写"在老师的脸上。与此同理。

信任

在制度管理的词典中是找不到"信任"一词的,只有人治和人文管理中才有信任可谈。而且,信任有时很可怕。比如,许多私企中"因亲而信"、"因近而信",最终导致了许多问题,甚至分崩离析。

然而,海底捞的信任完全不是这回事,海底捞把信任交给了每一个员工。例如,每一个服务员都有为顾客免单权、赠菜权。就像黄铁鹰说的那样,仅这一点"海底捞你学不会",因为至今也没有谁敢把权力如此下放。可海底捞就做到了,这就是海底捞的不凡之处。

海底捞还有一句最让人费解的话:考核就是不信任!看看,连考核这个大家都在做的事也被海底捞批了,扔了,胆量可真大。

希望

海底捞的员工都是来自农村,有许多来自老板张勇的家乡四川简阳。而且,这些男男女女的娃儿学历很低,家境不好,所以,在"穷则思变"的法则下,海底捞放大了"愿景管理"的效应。这一点便是海底捞管理的妙处,也是"拉动管理"的高度体现。

可以这样描述,海底捞有一湾活水,每一个员工到了这里希望都会被激活。比如,海底捞为所有员工设计出了至少三条"发展线":第一,待遇进阶,从农村到城市,从低薪到高薪;第二,技术进阶,从简单服务到技术服务;第三,职位进阶,在海底捞全国范围的不断拓展中,构建了许多管理岗位的需求,让许多员工会因努力和能力而得到提拔。

这些都是从员工进入海底捞就开始注入的一种向前和向上的动力,他们都会看到希望。

家庭

海底捞是一个典型的中国式管理模式,是一个大家庭。张勇有一个观点,说"员工也是顾客"。这个观点很新鲜,解剖下来,就是把人当人看，不是把员工当作给老板赚钱的机器。

这样的观点导致了什么？结论很简单，你老板把员工当家人了，员工就把企业当作自己的家了。当员工把企业当作自己的家之后，会有什么样的效应呢？我们看到的是，员工们不再为工作量多少和待遇多少而计较，员工们在企业的声誉面前，可以不计荣辱。就像海底捞说的，当顾客骂你之后，你还管他叫叔叔。

海底捞真的是一个家。当一般的酒店为来自农村员工找廉租房的时候，海底捞却首先为员工选附近最好的小区高档房，并配置好一应俱全的电器，甚至配置保姆。我对大家谈这件事的时候说，张勇很懂高效管理，用看似比别的老板"傻"的做法，换来了员工有家的感觉，更换来了用金钱得不到的干劲，换来了"猎头挖不动"的团队。所以，海底捞是在做家文化。

创新

创新是海底捞的一种企业文化。而用文化来定义的原因是，在海底捞每个员工都有创新的意识，包括清洁工、服务员。比如，有位清洁工把拖把翻新二次应用，节约了成本。有位服务员在工作中发现顾客的手机放在桌子上会弄脏受潮，于是发明了餐桌上的手机套，等等。不胜枚举的实例很多，尽管都是小创意，但却透着以店为家的主人翁精神。

所以，说到底，海底捞的创新不同其他企业之处是，大家受到了极大的信任，然后就是在被信任的状态下舒心地为"家"工作的态度，而在这样的态度下才能做到时时处处为"家"着想。为家想什么？想如何节约成本，想如何做好服务的金点子。这便是海底捞与众不同的全员创新。说实在的，这真不是一般企业能学得会的。

管理

　　海底捞是全国连锁管理，但海底捞不像麦当劳，不是简单的模式复制管理。那么，海底捞的管理秘籍何在？海底捞的管理为何能让服务做到有口皆碑呢？

　　这个题太大了，作为归纳，还是抽取核心要素吧。海底捞的管理最重要的就是三点：第一，做好了家庭式管理，但不是家族式管理。第二，做好了愿景管理，让每一个员工都工作在希望中。第三，做好了创新管理，让每一位员工都心系企业，不仅用身体干活，还会用智慧做事。

　　当然，海底捞不是没有制度。他们的制度包括严格的服务流程，包括经常的职业素养和技能培训制度，包括火锅产品的质量保证体系等。但是，海底捞不同于一般的企业管理之处是，制度不僵化，让制度中透出人的味道。这是一种管理哲学，是海底捞管理的灵便与灵气所在。所以，我们看海底捞管理必须立足于全方位，必须透过简单现象看出管理的活的要素在哪里。

　　以上我基本没提学校管理，尽管学校不同于企业，但实际上，许多管理是相通的，对于我们管理学校、幼儿园都有借鉴意义。尤其是民办学校和民办幼儿园，一些家族式管理的诟病，正在制约学校和幼儿园的健康发展，所以，学点海底捞的人文管理、高效管理，让家文化进驻学校中，让我们的学校在管理品位上得到更高的提升，我想是大有裨益的。

学校管理的常规与创新

先说什么是常规,我的理解可以分解开说,就是正常、常态和规范的意思。

学校的常规管理指的是,能够使学校在正常的、基本的和规范的管理下开展工作的规章制度。这也是作为学校管理者必须清楚和做到的管理内涵。

那么,由此可以认识到常规管理的内涵有三点:

一是基础性,是管理的基面,是让学校通过管理达到基本的运行结构和任务要求。如正常的教学时序,正常的课堂教学、作业、考评,正常的教育教学活动以及后勤保障等。

二是规范性,是管理的轨道,是不可乱来的边界。如教育教学的业务标准,后勤服务的质量要求等,这是基于行业积淀的科学性所提出的,带有相对普遍性的规律。

三是周期性,是管理的规律,是基于学校运行所特有的年复一年,月复一月,日复一日的规律提炼的。如月考、学期考、年度联考,如春季运动会、六一文艺汇演、校园开放日一些相对固定的活动等。

也可以简单归纳,第一条说的是"必须做到的事情";第二条说的是"必须做到的标准";第三条说的是"周而复始的规律所在"。

应该有这样一种管理诉求,不管是校长、主任,还是班主任,所有的管理必须先管好常规，这是基本要求之所在，然后才能在此基础上谈其他管理。

而其他管理最重要的便是创新，是在常规管理的基础上的创新管理和管理创新。

学校管理，不同于企业生产管理，也不同于军队的军事化管理，而是面对着鲜活的成长中的生命去管理，面对着不同课堂的"计划没有变化快"的事态去管理，面对着随时出现的千变万化的学生问题去管理。所以，学校管理中没有创新就没有了灵魂。当然，若没有构建基础的常规管理也有同于丢失了管理的骨架。

那么，这二者的管理哲学何在？我以为，没有常规空谈创新就会管乱，只有常规没有创新就会管死。

接下来的问题是，什么样的管理才能体现出创新？

比如，对课堂教学和活动要求，管理者只提出基本的要求和标准1、2、3，留下的4、5、6，是可以发挥的空间，是个性管理的舞台，这样的管理才能解放头脑，显示出管理的"留白"艺术，

又如，对于呈现出周期性的工作或活动，我们应该提出"求异求变"、"越做越好"的要求，应该体现出"螺旋式上升"的管理原则。这样才会规避年复一年的情绪倦怠，才会注入创新管理的激情。

总之，管理的科学性透着哲学，常规与创新的关系很辨证。而优秀的学校管理正是基于二者的关系去灵活处理，做到常规中蕴含创新，创新时不失常规。

我看精细化管理

最近有几位校长都和我谈到过精细化管理的话题。我了解到，精细化管理是源于企业管理中的一种思想，也是一种管理模式。并且，在企业管理中，实施精细化管理很实用，尤其在追求利益最大化的前提下，精细化管理在控制成本、控制过程中确实很有实效，是一种流程化、制度化、标准化管理的必由之路。

而在学校管理中，实施精细化管理却不能简单地把企业的管理模式全盘照搬，因为企业管理的特点与教育管理毕竟有较多的差异，尤其是生产型企业，流程管控直接决定企业的效益。在企业管理中能够从精细入手，事前设计好各种可能和必然的控制程序后，几乎可以说这是一个"以不变应不变"的对策。但学校管理却不然，因为学校管理面对的是人不是加工的产品，是面对有生命和无法预测的动态事件的管理形态。所以，对学校而言，许多情况下面对的是"以不变应万变"。这就是与企业管理不同之处，也是大家所认同的，教育管理是比企业管理更复杂、更高级的管理。

那么，在学校中如何理解和实施精细化管理呢？我首先用排除法来阐明一些看法：

比如，把教师每天的工作用死板的流程化来约束控制，让教师无法应对各种突发变化，以及，用被动工作思维框住了创新思想和行为的管理，这既不符合学校工作实情，也不是我们所要的精细化管理。

又如，繁文缛节，文山会海，事无大小，都要计划，都要总结。这样下来，看似工作抓得很细很到位，但在轻重缓急不分的工作状态下，一定会导致老师们疲于应付，疲惫不堪。这里的问题就是违背了简约管理法则。当然，也谈不上是精细化管理。

再如，过度考核也是问题。有的学校管理者打着精细化管理的旗号，对教师实行所谓的全方位制度化管理考核。说白了就是人盯人的管理，就是事事有考核，动辄就罚款，而且，庞大的管理队伍造成冗员过多不说，还在管理的同时也制造了管理层与被管理层之间的矛盾，让管理在精细化的命题下造成人文流失。显然，如此的精细化管理也是问题所在。

另外还有一个案例，我在与豫南地区一位民办学校校长交流时，他对我说他的管理就是精细化管理。后来我在学校调研时听中干和老师们说，我们的校长特能干，啥事都一抓到底。尽管大家可能心里还有话没说，但我已经担心了，担心他属于那种事无巨细、越级管理，甚至"胡子眉毛一把抓"的大管家型校长。如果是这样，他抓得很细了，其他管理干部或许就变懒了。因为主任的活被校长都干完了，主任就会躲在一边得清闲，所以，这位校长的管理与精细化管理差之千里。

正是基于上述分析，也对比企业管理与学校管理的差异，我以为学校精细化管理主要体现如下两个方面：

第一，在活动管理上，要做到事前计划和过程检查上的精细化。

一般活动，特别是大型活动，必须做出尽可能翔实的事前计划。包括时间、地点、做什么、谁来做、怎样做，以及事前预测到的可能变化和变化应对预案。同时，在计划中还要清晰地标注各个关键节点在哪里，以及监督执行的负责领导定位等。

可以肯定地说，在这一问题上，能否做到精细化，是由校长的管理思想和风格所决定。我们常说某某校长做事严谨、要求严格，决不允许任何人马虎从事。有一位校长就经常说这样一句话：要不就不做，要做就做好。这就是精致和精细的表述，也是精细化管理的内在品质。反之，有些校长就不然，思维活跃，善于"发热"，忽然想起，即刻发令，没有准备，没有计划，"脚踩西瓜皮"，随意滑行。我认为，不管事情最终做得如何，就如此管理的本身来讲就是问题，就是不精细化管理。

第二，在常规管理上，精细化就是事事有人管，人人有事做。

我曾把学校管理有机划分为若干个矩阵板块，用相关的工作为基本单元，并确定板块责任人。这样下来就实现了事事有人管的管理结构，同时也基于民主管理文化，尽量做到人人都是管理者。所以，在如此的有效划分下，才能够实现学校管理的精细化。

事实上，一般在学校管理中都会存在某些工作的管理漏洞，而且通常的缘故就是缺乏精细划分，或者是管理交叉点太多，责任分工不明确的问题。而这些问题的规避就在于细致，就是要在宏观上构建出细致的管理网格，让大家都清楚自己的职责在何处。所以，做到了这点就是做到了精细化管理。

归结一下，前者所说的是活动管理，属于动态事件管理。除了大中型活动之外，也包括常规运行管理，如班主任一日常规，如教师备课上课常规等。需要注意的是，虽然这不属于企业中的流程化和标准化管理，但是，计划管理还是需要从细而行。至于后者，显然是属于静态管理范畴，是从管理划分出发，达到管理的精细化目的。

总的说来，在学校中谈精细化管理还需要认识到两点：首先，从思想上要建立"细节决定成败"的意识。其次，精细化管理应不违背简约管理的原则，不能因精细而让管理走向复杂化。或者说，首先在管理中要立足于"精"，同时也要做到"细"，这才是真正的精细化管理的要点所在。

从高效管理谈"看"与"管"

总是听见一些老师说:学生不好管,总得看着。于是,我便由此而思考了"看和管"的问题。不可否认,在学校传统管理思维下,领导是"看着"老师和"管着"老师的,而老师又是"看着"学生和"管着"学生的,似乎,这就是管理的基本面,也就是所谓的"看本位"和"管本位"之所在。

但如果从高效管理的思想和目标来看,且不谈老师,我们不妨首先对学生管理提出如下问题:学生一定是看出来和管出来的吗?在被看和被管下的学生会成长、会幸福吗?看和管都让谁感到很累?而这样的管理能积淀出管理文化吗?

有了这样的思考,也基于管理的人本观,我对学生管理的认识是,坚定不移地"拒绝看管"。拒绝看管不是拒绝规矩,而是解放,是变"狭窄"为"放松",是解放被管理者自我约束和自我成长的动能。

这里有三个词语:相信、释放、文化。

相信是从人本出发,是相信每一个人天生的向善品性,包括我们的小学生,是把一份纯洁无瑕的人本精神搭建一个表现的平台。只要我们把相信赋予给了他们,就会看到我们意想不到的自觉、自律。当然,首先我们要把相信的目标确定,并制定好评价与肯定的机制。例如,我在小学推行的学生学校管理委员会,首先提出相信他们会把原来由老师做的常规检查做好，相信他们会主动发现学校日常工作中的问题，相信他们能做好每周的工作计划，等等。于是，在相信下他们如今的工作做得便出乎意料的优秀，这样我们剩下的工作就是鼓励、肯定和表扬。

相信之下我们看到了学生的能量释放，看到的不仅是学生的管理能力，还看到了学生们因为当家做主后的自我约束能力。这是原来传统管理意识下，让学生只处于被看管、被约束状态下无法想象的现象，所以，在释放之后，我们发现了潜伏在学生体内原生态的向善的能量。

文化是一种积渐而成，是在被管理下很难做到的事情。当我们不看不管后，当学生懂得自律自管后，一种油然而生的意识便出现在学校。时间久了，形成了习惯，这种意识就成了文化，这是解除捆绑和束缚后涌出的文化。

其实，看管之下的管理谁都很累。这好比篮球场上的"全场紧逼"，是在双方进入白热化状态下的篮球攻防技术，这时攻守双方都处于最累阶段，是没法子下的法子。学校不是篮球赛，学习需要放松的环境，所以，在学校管理中切切不可采用"全场紧逼"。否则，教育变成了管教，学校也就变成了"学管所"！

那么，摒弃看管之后，我们应该注意和把握的问题是什么？只有两点：一是放开有度。放开不是"放羊"，放开是构建在放松下的自我约束边界，放开也需要有自我管理的准则。二是评价有方。要有一套适合自我管理的评价方式，包括自我展示、问题曝光、自我纠偏和教师督评等具体措施。

总之，拒绝看管首先转变的是一种态度，也是在追求一种管理文化的价值取向。当人人都是管理者的情况下，学生的自律自管就是我们的终极追求，就是我们所谈的高效管理的境界。而且，在这个问题上，我们并不是单单在实现管理成本最低，关键是由此让学生在人本和健康的管理文化下，得到自我成长，提高了学生的综合素质。

从"推和拉"谈管理

早年间有一种两个轮子的手推车，说是推车，但也可以反过来变成拉车。那时我刚参加工作，帮着同事往家运送过冬的秋白菜。起先我就是人在后面推车，觉得很费力，后来师傅教我反过来拉车就会轻松一些。试验下来，果然如此。

为什么会是这样？当我到师范学了物理之后就明白了这个道理。因为，人比手推车高一些，推车时用的力有向下的作用，使车与地面的正压力大了，于是阻碍向前的地面摩擦力也增大。反之，拉车的斜向上的力就会减少正压力，所以，摩擦力减少了，拉着车就轻快多了。

这个道理在管理中也存在。我在刚当班主任的时候，学校评比间操站队的速度，我不知该咋样管理，就请教学校教导主任。他出的招数是，抓最落后的那名学生，狠狠批评。我照着做了，也有收效，但觉得学生有些口服心不服，感到不顺气。后来我还是在这个思路下，反过来，不抓最后，抓最先站队的学生，狠狠表扬。结果学生很买账，我和学生之间的关系也顺了。

安阳小屯教育集团专家型校长原绿色的学校管理就很有办法，他在管理教师时，要求学校领导：做"领头羊"不做"牧羊犬"。在管理学生时，变惩罚为评先。这就是"推动"和"拉动"的管理效应，而且，不难分析，虽然"拉也动"、"推也动"，但管理的效益大不一样。拉动的阻力就小，推动的阻力就大。拉动很人文，善于拉动的领导就是以身作则、身先士卒。

　　这样的管理问题在许多学校中都存在。有些学校过于强调制度管理，用量化、考核为利器，把老师作为被管理者，时时处处在老师的后面都有"眼睛"，甚至人眼不够还装上了现代化的电子眼。此时，且不谈庞大的管理队伍与老师构成对立矛盾，就制度管理本身的约束性而言就会让老师们感到很累，当然管理者也很累。这就是"推动"下的阻力所在。如果我们不去过度地放大和布满制度，让老师们在一个相对宽松的大制度框架下工作，并且领导能干在老师的前面，就如拉动的效应，会让管理更有人味，管理的效益也会大大提高。

　　其实，高效课堂也有拉和推的问题。原来的传统课堂，在灌输模式下，教师很强硬地把知识"推进"了学生头脑，学生必然不舒服，有阻力，很被动。反过来，若教师能够在学生学习之前，把自己当作一个初学者，而且是基于自学的前提下，按照"怎样学—怎样才能学会—怎样才能会学"的思路，集体备出一个适合学生自学的导学案。这里的导学案就是教师在前面的拉动作用。当然，高效课堂从本质上绝非只是"拉动"，而是在改变了师生关系、教与学关系之下，把学生主动学习的动力"阀门"打开了。这是关键，是比"拉动"更全面和深刻的解读。

　　当然，我在谈拉动效应的时候，并不是绝对否认推动。许多情况下管理所需要的还是"前拉后推"，因为，这是人性决定的，人是有惯性的。物理上有个牛顿第一定律，揭示了物体具有惯性的本质。其中所言，当我们要改变物体的运动状态时，必须有合外力。不过，最终在认识人的问题时，更要看到的是来自于人的内力，让内力做功释放内能，这才是我们所要的管理境界。

如何管理学校中的五大关系冲突

在学校以及所有组织中,各类关系的冲突无时不在,需要管理。梳理下来,学校中主要的关系冲突表现为:集体与个人的利益冲突;管理者与被管理者的冲突;竞争与合作的冲突;常规与创新的冲突;理想与现实的冲突。

作为学校管理者,这些客观存在的各种冲突是无法回避的一个管理课题,必须正视。而且,管理者在思想上也必须对其中的关系予以辩证审视,去平衡,处理好因为这些冲突所引发的种种问题。

关于集体与个人的利益冲突

这是一个随时随处都存在的问题。作为管理者在处理这样的问题时,关键是要站在一个较高的思想平台上,把集体与个人之间的相关利益解释清楚。一般来讲,任何一项工作和决定都会在不同程度上牵扯到二者之间的关系,同时也必然存在二者之间的相互作用和相互关联。所以,在摆事实讲道理的过程中,要把握和突出个人与集体的相互依存、荣辱与共的关系,要构建"大家"的概念,要提升先集体后个人的团队道德意识。但同时也要有人文理解,对个人利益的客观性予以认同,寻找到恰当的平衡点,照顾和考虑到个人利益的合理成分。这是管理的辩证之所在，也是管理的平衡技术之所在。

关于管理者与被管理者的冲突

这种情况不止是存在于某一项工作中的冲突，而是普遍存在的一种必然关系冲突。因为管理与自由在客观上和广义上就是一对矛盾，所以，当组织秩序和队伍思想均处于稳定的状态下，这样的矛盾会在很大程度上"被潜伏"。反之，当队伍情况不佳时，这样的冲突便会因某一事件或某一决定而引发。

解决这类冲突的一个基本原则或方法是运用好民主管理的技术。例如，在制订计划和出台新决策的过程中让教师或教师代表参与讨论；在日常管理中启用"值周校长"的机制；在各项工作考核中注重民主参与；在管理组织中构建以教师为主的各项工作小组等。总之，从学校的整体工作运行来看，我们期望达到的效果是，"人人都是管理者，人人也都是被管理者"。这样一来，上述的冲突便会在机制运行上得以减弱。

关于竞争与合作的冲突

可以定论，没有竞争的集体便没有活力，没有合作的集体便没有凝聚力。所以，这是学校管理者所必备的"两手活"，是管理之道，也是管理技术。

具体讲，此类冲突一般具有"横向性"，也就是在同一个高度的工作平台上会出现这类问题，当然合作问题也是出现在这样的关系位置上。例如在学校中各个年级组之间，教研组之间，教务管理与学生管理的职能部门之间，甚至也包括教师之间，都会有合作与竞争的矛盾产生。

处理这一类冲突的技术主要在考核机制上。如对班级工作的考核，以所有任课教师为单元来进行集体考核，这就避免了个人英雄主义的问题。当然，这样的考核也要避免"大锅饭"和"南郭先生"的问题，所以，具体操作中又要体现出集体"大考核"，个人"小考核"的运用。至于基层的团队之间的合作问题，也应该在考核中体现，比如在考核项目中把违规竞争、破坏团结的要素体现得多一些，以避免不正当竞争现象的发生。

关于常规与创新的冲突

很大程度上可以说这是一个属于学校管理者自身的问题，但也是一所学校的文化之表现。许多情况下，从思想认识到具体行动人们都有一个习惯，那就是墨守成规，求稳怕变，特别是学校管理者。如果是本着这样的做事哲学，那么何谈创新？而一所缺乏创新意识和行为的学校必将是死气沉沉，没有追求。

但如果在创新管理上一味地求变，也有问题，因为变在不变中。所以，任何创新举措能得以成功也是需要基础平面和支点的，这个平面和支点就是常规，是坚实而有支撑的常规。曾见到一位校长在一次大型课改活动时撰写的对联：大刀阔斧搞课改，精雕细刻抓常规。说得很到位，这便是常规与创新的辩证，也是学校管理在变与不变中的平衡意识。

关于理想与现实的冲突

理想是具有高远性特点的，而现实便是当下。作为学校管理者，制定出一些很给力的远大目标不难，难的是这些高远的理念诉求与学校客观现状的差距如何把握。如果说我们不顾实际地只是仰望星空，而没有顾及到脚下的路该如何走，没有考虑当下的事该如何做，那么，所谓的理想就会变成悬空的口号。

理想必须要有，现实必须要看。科学的理想是一种愿景管理，客观的现实是提出理想的基本依据。任何一所学校的资源和文化都会有相当的差异，所以，在提出和追求学校发展的理想时，也就是提出具有目标引领的理念时，不可或缺的是面对现实，找准适合自身基础与文化积淀的思路与方向，之后才能提出学校未来发展的理想目标。

其实，在学校中还有许多关系冲突，市场机制下民办学校出现的教育行为与市场行为的冲突，家长与学校之间的冲突，还包括举办者与管理者的冲突，等等。这些都属于校长在管理策略中应该重点思考的问题。

管之度

管理是很中庸的。

当问题与矛盾出现时,常常用的"各打五十大板"的方法是中庸。当各种关系冲突影响工作时,如何平衡是中庸。当团队士气"遇冷"时,怎样"加温"是中庸。当组织内部太平静和安逸了,如何激活和组织竞争活动是中庸……

以下仅从制度管理、考核管理与竞争管理上,谈谈校长必须把握好的度。

首先是过度制度化的问题

曾有一所学校以"三严制度管理"模式著称,既推崇严密制定制度、严格执行制度、严肃对待制度的文化,并以厚厚的制度文件诉说着"无缝隙"的制度存在。该校长解读说:学校的一切都在制度的管控中。用老师们的话讲:连举手投足上厕所都有制度。显然,如此繁多的制度已经让老师们有了一种"被捆绑"的感觉。

其实,制度本身就是具有约束性的,是不可或缺的组织管理手段。尽管我们清楚,没有制度是万万不行的,但是,制度的冗繁也同样是可怕的。尤其是在具有创新工作性质的教育领域中,过度的约束会把人的思想捆绑了,会让教师变成机器,会使学校变成工厂。

我一直以为,好的学校管理,制度是简约的。例如,有一所老学校,历任校长坚持抓卫生与节约,已成全校师生的习惯。所以,在这所学校里,就找不到一些"不准随地扔垃圾,人走灯灭,节约用水"等制度条款和墙上标语。这一事例说明了,因为管理积淀把不必要的制度给提升到了文化管理的境界,因为文化的形成让管理变得轻灵,因为管理的轻灵让老师的心理变得舒展。此谓"简约而不简单",或曰"无为却有为"。

其次是过度考核的问题

绩效考核最初源于企业管理,是一种从产品管理到服务管理的"多劳多得"的有效管理手段。虽然学校工作的性质在许多地方与企业不同,但对业绩管理的需求也是存在的,考核管理也能发挥"奖勤罚懒"的作用。例如在抓课堂教学的终端考试成绩时,用这样简单的数字化的管理也能产生一定的效果。

问题是我们有些学校管理者把量化考核的作用放大了,放大到"无所不考"的地步。其实许多考核是无法量化的,这是一种"唯考核"的错误倾向。这样过度的考核需要过多的管理人员,是需要加大管理成本的。但这还不是问题的关键,关键是,过分过度的考核不仅会从组织上放大"管理与被管理"的矛盾,而且还会因为过度考核而损毁管理者与被管理者的关系,破坏教师与学校情感向度的统一性。曾有一所学校因为考核工作需要,竟然在教务处设置了四个主任、九个考核专员,包括无处不在的电子监控,于是,教师们无奈地讥讽为"三个人干活四个人看,背后还有电子眼"。可见,如此的过度考核及监控,最终的结果便是让管理的人文本质出现流失,考得人心惶惶。

所以,我们必须要把握好考核的范畴和考核的界度,这是对教师的尊重，也关系到教师释放能量的问题，不可小视。

再次是过度竞争的问题

竞争是任何学校内部管理的必要机制，没有竞争环境的学校就没有活力，包括小组间的集体竞争，也包括个人间的工作竞争，这是不容置疑的问题。从哲学的意义讲，制造竞争就是正视矛盾的存在，而这样的差异在健康的管理下，会因"高度差"而产生向上的内驱力，会使学校组织内部因竞争而发展。

然而，与竞争对立的问题便是合作，往往在缺乏健康的团队文化时，过度的竞争环境会破坏组织的团队文化，会因此而割裂人与人之间，小组与小组之间的合作关系。甚至在表面看来，因为竞争使工作干得热热闹闹，但人与人之间却冷若冰霜。

由此说去，管理者应当把握的便是竞争与合作之间的契合度，应当警惕的是过度的个人竞争损坏集体形象的问题。而在操作时，关键还是机制的健康性，若机制中能体现以合作为基础面，以竞争为活水源，在评价时，能以合作为大考核，竞争为小考核，那么，这样的竞争方可呈现出一种组织集体的整体健康态。例如，许多学校会出现的单科教师争抢学生时间，以保证自己所教学科的成绩。我们可以在考试后先进行全科目的团队成绩考核，之后再进行单科的任课教师考核，若团队整体"覆没"，即便单科成绩优秀也不加以认同。这样便有效激励了在合作下的竞争不会过度被个人利益所惑。

总之，学校管理者的一项基本功便是宏观把控，要不偏不倚，这是中庸之道。

但中庸不是平庸，是管之度。

管理的"硬道"与"柔道"

管理有软、硬两手之说,这是管理之道。也可以这样叙述,一个是管理的"硬道",一个是管理的"柔道"。这不仅属于管理的技术问题,还属于管理思想的建构,也是管理者应该修炼的境界。如果只有其一,便可以叫做"单腿式管理",这是不能"远行"的管理者,也是影响管理工作的人的因素之一。

何谓"硬道"

以学校管理为例:在坚持教育方针的大政原则上绝不退让是"硬道";认准了的先进办学理念就绝不动摇是"硬道";不徇私情,严肃制度管理,谁触犯了学校对教师要求的"高压线"就处罚谁,这是"硬道";教学效果好、学生欢迎、家长满意的老师,不管谁嫉妒,谁用其他问题说事,我们都不去理会,都给掌声,是"硬道";在学校既定的工作计划下,谁不执行,搞背后小动作,阻碍学校工作的现象就坚决处理,绝不手软,这也是"硬道";在市场运作机制下的民办学校中,招生、稳生和家长的口碑是第一位的,这还是"硬道";等等。这一类决定管理品质和树立管理形象的问题都属于管理的"硬道",都是不可回避、不可打折的管理基点,也是我们通常所说的"刚性管理"的表述和把握。

何谓"柔道"

仍是用学校管理中的问题来阐述:如,在推进工作的过程中出现问题时,若是因为执行者的能力问题,而不是态度问题,我们应该具有耐心和理解,给予其改正和提升工作的时间,这是"柔道";在新政实施中,必须留有足够的理解消化时间,在尽可能宽容的条件下,让执行者把这样的新政通过"咀嚼"进入"消化道"吸收,这是"柔道";当老师因情绪激动做出一些违背常理的事情时,管理者要退避一尺,而不是迎面而上,这是"柔道";在教师群体里,在一些问题没有及时沟通的情况下,出现了误解或不解,允许人家发发牢骚,这也是"柔道";等等。所以,"柔道"之"柔"的关键是理解和宽容,但这又绝非是以牺牲原则做代价的管理,而是在分辨大是大非的前提下的管理思想和技术。

需要注意的是,"硬道"不是简单和生硬的制度管理,而"柔道"也不可以理解为就是人文管理。只有这二者的有机结合才是真正意义的品质管理,其中既包含着制度管理的要素,也体现出人文管理的思想。

如此,方为管理之正道、大道。

学校管理的螺旋式上升原理

通过学校常规的周期性运行，运用综合管理技术，以达到提升管理水平的规律，即为螺旋式上升原理。

螺旋式上升原理的运行链条如下：

制订计划——实施过程——总结评估——激励评价。

具体阐述：

计划：要抓住三个要点，首先是"取样"过程，也就是把原有或相关的工作模板提取出来，并在此基础上制订计划；其次是讨论，是基于工作目标和民主管理的方法，集众人的智慧其中，形成一整套切实可行的翔实方案；最后一点是创新，这是诠释"提升"的关键，是能够体现管理的螺旋式上升的起点动力，也叫纵向提升力。

实施：实施即过程，也是计划的落实。落实的反面就是落空，所以，再好的计划若在执行上落空便等于零。这是实施环节的第一关键所在。其次就是检查，或叫做考核，没有到位的检查与考核，即便不是落空，也会"落虚"，这是实施过程中的重中之重；再次便是调控，调控是在检查的基础上，在发现问题的基础上，对计划的问题进行科学分析后所做的再次修订。

总结：总结也有三个要点。一是及时性，是过程结束后必须立即完成的工作项；二是针对性，也就是要紧扣事前计划的目标谈问题和经验；

三是档案性，是把工作中的时间、人物、事件做成文档，或把工作中的小段落故事记录存档，以便再次查询和备案。

激励：激励的前提是通过过程考核以及总结进行科学的评价，然后是依据评价予以激励。而激励的方式是多样的，包括物质奖励和精神上的表彰，抑或即时性的口头表扬，这均属于正激励。当然也存在出现问题后恰当和艺术性的批评，这便是负激励。客观地说，激励是完成一项工作的最后也是最具有技术的程序，缺乏这一环节，整个工作就无法与下一次循环进行链接，而处于断接态。

螺旋式上升原理中还有动力系统问题。

其中有两个作用力：一是执行力；二是创新力。

执行力虽然贯穿于整个工作环节之中，但重要的还是体现在实施过程中。执行力也分为外力与内力，如果团队的思想意识和凝聚力很好，而且在制订计划的过程中凸显了民主参与，那么，在执行的过程中便会整体呈现出积极态势，也由此会让工作表现得通畅和高速。如果上述情况不是很得力，那么，工作的推进便会更多地依赖于外力作用，包括运用领导督促的直接作用，也包括对绩效考核和奖惩方案的目标管理运用等。一般来讲，一所学校中，若是人文管理的环境很好，则相对而言在实施过程中，组织的内力会起到主导作用，反之，必须依赖外力的推进。

创新力便是上述的纵向提升力。主要体现在新一轮工作计划的制订中，一般来讲创新力来自于学校主要领导的工作思想，因为这不仅是思想意识也具化在工作标准上。若学校主要领导属于固守原本、满足现状、畏惧风险的人，那么，下面的队伍是无法突破现状的，无法去创意、创新。于是，学校工作便会呈现出平面化周而复始的推进状态，也就是缺乏向上的动力，不能在运行的周期中通过管理得到提升。

总之，螺旋式上升的管理结果以及我们的期望，就是那句大家都很喜欢、很给力的话——我们的明天会更好！

管理,不妨学点孙悟空和哪吒

我在谈管理的技术时,提到了"分身术",就是孙悟空的本领,拔出一把毫毛变出一大堆的同样的孙悟空来,一起上阵。或者学学哪吒,变出个三头六臂来。

曾有一位朋友谈管理时用了一种简述,说:管理就是一个人在那里比画比画,其他一大帮人按照那个比画去做……这显然是一种浅解的说法。要是如此,管理者太累了,而被管理者也未必轻松。

其实,管理之道中一个很重要的思想是民主管理,也就是构建一种"人人都是管理者"的整体管理系统,也是管理的一种健康的组织行为,或者说是一种最佳的资源整合行为。

我在学校管理中有几项做法就是基于这一思想的。

如,建立值班校长制度。每周或每天选定一名中干或普通教师担当值班校长,其任务是巡视全校各项常规工作,并且用自己的视角去发现各种问题,包括教育教学和后勤等各项工作。同时在发现的基础上提出自己的管理建议,并提供给校长。这样的做法就像校长又多了许多看问题的眼睛,并且视角不同,也好像校长又多了许多脑袋,思考问题的层次与广度也变化了。实践下来,无论是从学校管理的效果来看,还是从团队成长的角度来讲,都显现出了民主管理的魅力。

又如,在常规管理系统中提出一些专项工作组。比如,有校园文化建设工作组、假日学校工作组、大型活动工作组、读书读报督导工作组、接送学生工作组等等。这些工作组的组长和成员未必是由中干组成，很多情况是根据教师自身专长和工作态度来确定，这也是一种民主管理的做法，是充分体现让更多人参政议政的做法。

再如，我在每学期期末的学生成长档案中，要求把整个学期中学生的作业、试卷、影像资料、个人作品等完整无缺地交给家长。这件事的附加作用是，家长成了我们的"作业检查员"，干了教务处领导和干事的日常检查工作。也在事实上督促了教师平时作业批改的工作质量。所以，大家感叹说，我们学校的作业管理不用校长和主任操心了，谁不认真批改作业，等期末时家长看到学生档案就会反馈到学校领导那儿。显然，这也是一种管理的"分身术"。

管理的"分身术"使管理变得"简约而不简单"，也使管理变得轻灵起来。但这还不是最重要的，重要的是"众人划桨开大船"，是用民主管理来体现和培训团队意识。这才是我提出学点孙悟空和哪吒的意义所在。

正激励与负激励

奖与罚是各类组织管理中的常用手段之一，属于激励制度的范畴。这里且不说奖罚的形式和运用技术问题，只是就奖罚的内在激励性质议论一二。

常听人说：奖励是正激励，惩罚是负激励。此话有误。

首先是，奖励一定会起到正激励作用吗？

按常理，得到奖励是高兴的事，是能够由此激励人的工作情绪和提升今后工作质量的事。但是，前提是什么？在于奖得是否公平合理，是否能够服众。否则，领导只凭着好恶，缺少调研和评价机制，就很可能把一些巧嘴滑舌、弄虚作假，围着领导转圈圈的人评为受奖者。如此，何以为正激励？只能是对那些踏实肯干、默默无华人的一种打击。毋庸置疑，这就变成了对多数人的负激励。

甚至有时我们的奖励本身也是公平的，但是在奖励的同时缺少透明，也缺少沟通，于是，就有可能在获得奖励的人中也会产生负激励的效果。因为，获得奖励的人不知其他人的奖金多少，同时我们管理者也没有及时地交流思想，所以，可能就会在那里猜想着，是不是别人都比我拿的奖金多？那么，这样的结果就与我们激励的愿望相左，也是负激励。

其次是，惩罚就是负激励吗？

应该先界定概念。所谓负激励是因为惩罚，使受罚者"知耻而后勇",化"惩罚为动力",而后积极悔改的心态和行动。这才是负激励。

然而,有时我们罚得不到位,不疼不痒,或"隔靴搔痒",如"吉林煤炭工业局官员挥霍公款出国旅游"之事的处理,用警告、诫勉谈话的简单处罚,就属于这样的问题。因为这样的处理,可能那些官员会在私下里庆幸说:不过如此!更为甚者,或许"前腐后继"者也会如是说。这里的问题就是没激励。

也有罚了"冤大头"的现象,也有根本就属于罚错了的问题。这些情况下,如何去谈激励,结果只能是从被罚者到观众情绪都不佳,越罚越糟糕,根本就没有转化成影响工作向上发展的动力。所以,这绝非属于负激励。

可以这样定论,无论是奖还是罚,只要呈现出正向管理效应时,都属于"激励"。反之,奖得不公,罚得不对,何谈激励!所以,凡是运用奖罚手段,都必须坚守原则,把事情做好做细,让奖罚得当,让管理服众,这样才可以做到"好的管理就是正激励"。

我看"扁平式管理"

扁平式管理的说法源于 20 世纪 90 年代，是相对传统科层式（金字塔式）管理而言的一种现代企业组织管理模式。简单地讲，扁平式管理的最大优点是减少管理层级，提高管理效益。特别是针对一些中小型组织机构，扁平式管理直接减少了人际沟通成本，也减少了人力资源成本，同时也很好地规避了组织领导层面的形式主义、扯皮推诿等弊病，以及执行力障碍等一些问题。

扁平式管理模式特别得到了私营企业的青睐，包括我们这样的私立学校，显然，这是机制所在的问题，是玩不起形式和冗员的低成本运行之关键。

曾经去过一所规模不大的私立学校，从校长到员工也就区区二十几人，但是却在演绎着"麻雀虽小五脏俱全"的故事。副校长、办公室主任、教务主任、政教主任、后勤主任、大队辅导员、年级主任等一应俱全，包括各个组长，似乎人人有官做，端的是"官满为患"。了解后，校长也坦诚地向我道出了学校的种种管理问题，其核心所述就是，遇见问题就"踢皮球"，从计划出台到执行落实的速度太慢。于是，我的结论便是：官太多了！

其实也不怕"官"多，关键是管理的层级太多，交错的职能划分又不清晰。而解决这样的问题就是构建扁平化组织管理模式。

在学校管理中，我的另一个观点是，扁平化管理的第一组织者很关键，也就是说，是否运行扁平化管理，不仅与学校规模之大小有关，还要看校长的管理风格。那些工作作风细腻，凡事一抓到底的校长最适合这样的管理模式。尽管大家在议论和给理想的校长"画标准像"时提出一些诸如"抓大放小、宏观掌舵"等形象要求，可实际上校长的个人管理风格往往是不易改变的，而且，我们也应当准许校长有个性存在。

所以，对于中小规模的学校，是选用扁平式管理模式还是沿用金字塔的管理模式，应该从实际出发，不能一概而论，孰是孰非要由具体情况而定，特别提出的还是要考虑校长的个人管理风格，这就是实事求是。

当然，我趋向于尽可能地实行扁平化管理，因为，减少成本，提高效益，这点在学校管理中与企业管理中是一致的，都是一个向管理要效益的课题。

"拉磨"、"钟摆"与"千斤顶"
——三种学校管理形态

周期性年度循环是学校工作的一种特点,也是常规。对于校长而言,不同的个人素养、管理风格,以及在不同的管理策略和管理技术下,往往会使一所学校在运行整体上呈现出优劣不同的管理形态。

作为分析,不妨以下面三种情形加以表述:

"拉磨式"形态

这是属于那种年复一年的"平面循环"模式。具体说,就是把学校工作,包括日常教育教学、大型活动等,进行定时、定位、定内容、定方式。很惯性,也很模板化。

有一位善用档案管理的校长是"每逢大事看昨年",找到去年该项工作的档案,换个时间,换一些人物,拿来就用,省心省力,就像拉磨一样周而复始,岁岁有今朝,年年老面孔。

往好处说,这样的校长和这样的学校很平凡很平稳,无风无浪,也无惊无险,天下太平地挨着日子走。往缺陷上讲,这样的校长和学校是没有创新意识的,是求稳而乏变,终日如一,不求上进,缺少教育激情。

甚至可以说，这是一种可以"戴着眼罩原地转圈圈"的低级管理模式。

"钟摆式"形态

有的学校常常呈现出"忽左忽右，管理跟着问题走"的状态。一般来讲，原因在主政校长身上，特别是在校长性格很感性又缺乏坚持，做事很极端又落实不到位的情况下，这样的问题就会显得尤为突出。

比如，一说狠抓教学就像大搞"课堂运动"一样，高喊着"一切为了教学"的口号，连常规的学生活动都为之让路。最后，忽然发现老师累得筋疲力尽、怨声载道，学生被抓得苦不堪言、无精打采。于是，校长立马来个180度大转弯，又开始了"密集型的搞活动"，浑然忘记了昨天的课堂在哪里。

这就是典型的"热情摇摆"型管理，有时很有周期性。这个学期"摆到一边"，下个学期再"摆到另一边"。显然，这样的学校管理问题就是缺乏稳定的计划性，缺乏对学校周期性工作性质的把控。

"千斤顶"形态

千斤顶的工作原理是"螺旋式上升"。对于学校管理而言，在周期性工作特点下，螺旋式上升是极好的态势，是年复一年在求变中提升的工作思想。

毋庸置疑，能够让一所学校整体工作在周期中呈现这样积极效果的第一因素是校长，是校长的创新素养所在，是校长的管理智慧所为，也是校长能在管理组织行为中用创新来发挥纵向提升力，使学校展现出日日新、月月新、年年新的发展性局面的关键所在。

一位很新锐的校长曾在学校管理中悟到，"总结之贵，贵在批判"。这里所言的是自我否定式的批判，是基于不断前行所需要的创新意识下的自我批判。所以，在这样的思维品质下，学校才能在校长的率领下，有像千斤顶一样的作为，敢于负重，螺旋式上升。

总之，我们期望在学校管理中，应该是从校长自身做起，在曾经的经验的基础上，研究提升工作的创新点，使学校整体周期性运转态势保持着不断求新的上升态。

杠杆管理技术

管理当求实,但也需用巧。因为我们需用技术来提高管理效益。巧妙地运用好杠杆原理会让我们的管理变得很轻灵,事半功倍。

我来举例说明:

有一次与初中教师交流,大家提出的教与学问题最终几乎都是集中在学生不愿意学习的共同话题上。言外之意,不是老师不愿意教,也不是老师教不好,甚至也不是学生学不会,是这学生的学习动力系统出了问题。

"诊脉"是没有问题的,问题是怎样"对症下药"。于是,在我索要"治疗方案"的时候,大家却出问题了。一位班主任针对学生放学回家的途中溜进网吧的困惑,与家长建立了"接管协议",叫做"节点"管理,让学生24小时处于"无缝隙"管理状态。另一位老师的办法是,加大作业量,把学生的课余时间填满,让他们无暇去做"闲事"、聊"闲话"。还有一位教务主任,用他的管理经历一连说了三个"狠"字:狠抓教师的课堂教学秩序;狠抓学生的作业检查;狠抓常规的月考。

这些"治疗方案"从管理的态度上无疑是积极的,但却没有抓到问题的根本上,如果有效果,也属于"治标"。很费力,不给力。

初中学生,尤其是初一和初二年级的学生,是第一青春期问题的显露期，普遍都是在心理上寻求独立，在行为上呈现逆反。如果在小学时期是处于被家长与老师高压逼迫下的学习态，那么，此时的最多问题就是对学习的逆反，就是你越说学习他就越不学习。包括一些乖巧女孩，原本并没有受到家长和老师的逼迫学习，而是在自己的好胜心、虚荣心支持下，自己强迫自己学习，在青春期的情感影响下，也会出问题。这时，我们对上述问题解决的要点应该是"在学不言学"，是从心理沟通入手，用情感缓释的技术，给学生一个宽松空间，不要"全场紧逼"。当"打通经脉"后，再徐徐用药，最终让他们在健康的心理状态下，修复出一个对自己负责的学习动力系统。

这样，在"想学"的心态下，其成绩或许只是我们管理的副产品，意外地提高了。这是因为我们找到了管理的"支点"，巧用了杠杆的原理，巧妙取胜。

另一个管理案例是，一位校长新接手一所问题学校的操作方略。

接管前的问题调研结论是，人心涣散，人浮于事，教学管理混乱，缺乏积极向上的团队文化。那么，摆在校长面前的第一要务是什么？是抓教学，还是抓人心？显然应该是后者。但问题是从何入手？

让大家没想到的是，这位校长却是从抓卫生入手，而且是从自己的办公室做起，从自己做起，他先把校长办公室弄得一尘不染。之后便组织全体教师参观校长办公室，提出两天之内，让全校教师办公室都"向我看齐"。尽管大家不解，尽管有闲话说"这是一个不会管文教，只能管卫生的校长"，但他却依然我行我素抓卫生。从教师办公室抓到各个教室、实验室，包括后勤仓库。而且在这些天里，他走遍了全校各个房间，接触了全体教职员工。并且每天亲自写管理通告，不停地表扬具体到人，讲爱校如家、不辞辛苦的故事，讲老师与学生一起劳动以及认真做事的故事。

于是，一场"卫生战役"下来，悄然间大家发现，学校老师与老师之间，领导与老师之间，一种久违了的向上的人气正在恢复。特别是，这位没有按常规出牌，没有急于踢"头三脚"和烧"三把火"的校长，很快就改变了刚开始大家认为他不抓教学的校长形象，并成为了大家依赖的一个核心。

这个案例的特点是，抓人心不是简单说教，不是开几次会，做几次培训，讲一些大道理，而是先寻找一个支点（抓卫生），然后用管理的杠杆撬动了人气涣散的难题。

再如，我在管理学校中也有两个案例：

第一是抓招生。我没有按常规出牌，没有就招生抓招生，或指标分配到人头，或集体出征跑市场。而是提出一个"家长招生制度"，记录评估各个班级的老家长为学校推荐的新生情况，并把功劳记在班主任及配班老师头上。这样操作的结果是，用招生撬动了教育教学，因为班主任要想让家长帮助推荐学生，首先自身要把学生在学校的所有事情做好，之后才能让家长满意，家长才会用感谢的心态来帮班主任的忙。这也属于杠杆管理，是用招生的机制，撬起了教育教学。

第二是抓学生档案管理。每学期放假的时候，我要求班主任必须把学生在校的所有资料打包送给家长，包括学生平时的作业本、测试卷、各种作品等。尤其是把全部作业本带回家，在家长看学生作业的过程中，无意间让家长起到了教务监督员的作用。后来发现，我们的老师不用教务处过多地检查作业，平时都能做得很认真，因为有那么多的家长在帮我们检查作业本。这还是一种杠杆管理效应，是用档案管理撬动了作业检查的做法。

总之，在管理上，"巧"是管理的技术，但也是韬略。可以定论，我们需要实在肯干的管理者，但也更需要用智慧来管理的思想与行动者。

说说福利那点事

  有一些学校管理者问我福利怎样发放，问我福利应当放在工资体系的哪个板块中？我说这和工资体系不搭界。

  一般在考虑工资体系架构时，大体就四大板块：第一是基本保障，可以叫做基本工资。科学的设计是有下限无上限，给今后上调工资做基础。第二是体现多干多得、干啥活赚啥钱的岗位工资。一般是因岗定额，属于相对不变的部分，包括各种主任、组长津贴。第三是考核工资，属于干好干坏的部分，这部分体现在每个月或每学期、每年度，月度考核工资额度少一些，年度就是一个大红包。第四是校龄、园龄津贴，是对老师和员工在一个单位稳定工作的肯定。

  福利与上述均无关。但是，有些企业确实把福利放在了工资体系中，甚至在员工所签的合同中都注明，哪个节日发放多少额度的红包。我不认可这样的做法，因为福利的激励作用在这样的操作下，一定会不复存在。这样发放福利的结果就是，员工不会感受到福利的"福"，管理者也不能因发放了福利而获得"利"。对员工来说就是两个字——该得，对管理者来讲也是两个字——该发。

  其实福利的发放在管理行为中很重要，发好了让员工感到幸福，受到激励，并有偏得的感觉。那么，究竟应该怎样操作好这件事呢？我在管理中有几个建议：

1. 在年度花钱的总盘子中要确保留下这一部分专款专用的资金。

2. 发放的最好是实用物品，尽量不发现钱。包括用的和吃的，并且不定时、不定额、不定次数，没有规律可循。

3. 发放的形式多样。如我们搞过一种无因由的抽奖晚会，奖品大到洗衣机、电视机，小到一袋洗衣粉，绝不在数量上全覆盖，只有三分之一获奖率。这也是福利，尽管不平均，但有趣味、好玩，手气好坏在自己，没人埋怨管理者。

4. 发放的名目多样。如在重阳节可以发放孝敬福利，对婆媳关系好的，对与老人同住一起的，对悉心照料老人的，发给一份大福利。又如，在幼儿园基本都是女员工的情况下，选定父亲节的那天，给五好老公发一次福利才叫给力。

新加坡杨培根先生曾跟我说过：工资是没有激励的。这话好长时间内我都没理解到位，因为这是他在新加坡和印尼企业中的经验，是由他们那种"一口价"工资结构所决定。"一口价"就是在员工入职的时候，像做生意一样，你要多少，我给多少，谈好了之后，每个月就这些了。所以杨先生说工资没有激励效应就是基于这一点。但我国流行的结构板块工资就不同了，尤其是其中的考核部分，考好了就是激励。包括年终因考核而发放的大红包，激励因素更多一些。

不过，要用管理成本来谈激励效益，什么都没有福利产生的激励效应高。可以肯定地说，用作福利的成本相比年终考核奖励低得多，但分解在每个月时，在"偏得"心态下，就像给燃烧的火堆不时添柴，保持和调整着大家不灭的工作激情，这是多么重要呀！可问题是，在我国的企业、学校和幼儿园中，多数管理者却偏重于研究工资问题，只注重了"该得"，忘了具有高效激励作用的福利这件事。

绩效考核要考好

在结构工资中,都说绩效考核是有效管理,是激励员工的好法子。毋庸置疑,考核的作用就是在工资中表达"干好干坏不一样",就是要达到体现奖勤罚懒的目的。

在企业管理中,尤其是对于生产环节的管理,论质计量很简单,摆在大家面前的事,没有多少人情可以混杂在其中,所以,在考核过程中因管理人员的个人因素而产生的矛盾比较少。

但学校和幼儿园的管理则不然,包括像中小学的月考成绩,也会因考试过程、试题难易等因素,让考评者把握不准考核的尺度。至于没有月考的幼儿园,每个月的绩效考核就更难找到合适的考核点了。于是,在学校和幼儿园管理中,量化和质管,尤其是质管确实让管理者感到为难。

事实上,至今为止,在许多学校和幼儿园中,还有许多管理者对于这点认识不够,还在讲加大考核力度。以为只有这样才能运用好工资杠杆,才能最大限度地调动老师们的工作积极性。殊不知,这样的做法,至少有以下三大负面管理问题存在:

第一,考核点不清晰,制造了管理者与被管理者之间的矛盾。工作态度是很难量化的,教学质量的评价也不是那么简单,所以,管理者的公正、公平、人情、关系问题随之而来,加上被管理者的素质、心态,就会出现种种的抱怨,这样下来难免会使一些老师出现工作情绪消极。

第二,如果管理者能力有限,或者不想得罪人,那么这样的月考核最终会"波澜不惊",大家不差上下,不疼不痒,没有计较了。不计较就没矛盾,可如此的绩效考核也同时失去了意义所在,等于没有考核。

第三,若管理者真想把这事做好,就要让管理队伍人员增加,把管理工作点细细划分,做到时时处处都有管理记录,都有管理者在监督、考评。尤其像幼儿园这样的小型组织中,出现了"三人干活,两人监督"时,势必会放大管理者与被管理者之间的隔阂。无论怎样说,在前排干活的人,觉得后边总有"一杆枪",这是让人不舒服的事。更何况教育是一个极具创新工作特点的行业,释放老师的主动工作积极性才是管理的最大诉求。

鉴于上述,我认为在学校和幼儿园管理中,结构工资的月绩效考核部分不宜占有太高比例,而且要尽量简约并且可操作性强。如,在每个月的工作中,我们只把安全事故问题和满勤准点因素作为考核点,拿出工资总额比例的10%到15%作为月考核,也不必称之为绩效,直接叫做安全满勤考核即可。像班级学生出现一般安全事故,取消此项,出现较大安全问题就考虑降工资、解聘。而缺勤超过两天,也可取消这项工资。

当然,一个学期或一个学年下来,绩效问题必然存在。这就是学期考核和学年考核,是很有必要的一项教育管理,而且,一定要有翔实、科学、可操作的一整套考核方案。这个考核下来的绩效工资也是要有一定比重,这个比重的大小必须能让老师们感到重视,并且一定要在学期初和年初把方案和份额公布于众,这叫做"把红包挂起来",属于愿景管理的作为。

"背靠背"的工资模式不可取

"背靠背"就是"人心相背",我就不喜欢这个说法。开封杞县一位幼儿园举办者在设计工资体系时,问到我这一问题。我回答说NO!

追根溯源,"背靠背"是来自于改革之初外企的一些做法。在发放奖金,甚至在平时的月薪发放中都有这一做法。当时,对于我们计划经济下的国有企业是一件新鲜事,都觉得很有意思,并在一些小型企业中多有模仿者。

初始阶段,人们以为"背靠背"能规避人际矛盾。后来在操作中发现事与愿违,不仅没有减少矛盾,反而,由此制造了更多人为的人际新矛盾,有员工之间的矛盾,也有管理层与被管理者之间的矛盾。

为何如此?"背靠背"制造的管理问题在哪里?

我还是从熟悉的一所民办学校谈起,因为这所学校在初创期间就实施了"背靠背"工资管理。后来在运作不顺的情况下,举办者反思了如下三大问题:

第一,刚开始老师之间就充满了相互猜忌。大家看着用信封密封的工资条时,许多人都猜测:"别人拿的工资是不是比我高呀!"于是,私下里都想问一问别人"信封里的秘密"。如果被问者不告知就感觉"不哥们","不哥们"就疏远,就会在工作关系中出问题。结果是,在相互猜忌中,这个队伍很隔心,不团结。

第二,时间久了,毕竟有一些在工作中建立了朋友关系的人,于是,这些关系好的人就开始对工资多少通气了。在泄密之后就是对比，对比之后就因为有差别而感到不公平，进而影响情绪，也由此对学校领导产生意见。这样下来的结果是，直接影响了学校工作质量。所以，从这样的实际情况看，要想做到真正的"背靠背"是很难的，也是一种理想化，至少在我国这样的文化背景中是一种不现实。

第三，"背靠背"若没有科学、规范、公正的工资体系支撑，最终会导致管理走向混乱。事实上，在我举例的这所学校就是如此，因为"背靠背"了，学校领导就无所顾忌，甚至亲疏有别，看人下菜碟，没有章法，缺少规矩，胡乱定工资。不用说，等到大家一旦"转过身"，看到工资管理乱象横生的状况，谁还能再安心工作？

其实，工资管理的最高境界就是完全透明。这是一种对管理者自身境界和能力的考验，是基于如何做到"因公正公平才敢公开"的"三公式"操作管理。所以，问题的焦点是如何做到公正和公平。

我的建议也有三条：

首先，制定工资体系的过程本身就要体现出民主管理，也就是要允许老师们参政议政，让老师们知晓工资体系的结构和机理所在。

其次，在多劳多得的问题上要注意分配合理的问题。也就是要认真研究如班主任、教研组长和一般老师的工作量和工作时间，包括承担的责任在内，包括校龄、园龄，在确认差异后，再研究制定出合理的津贴工资。

再次，考核工资的运行是关键。这是表述干好干坏的问题，不可简单行事，要建设好严密、科学、民主的考核机制，力争要做到考核的公正。否则，在公开下的不公正会立马激发出许多矛盾。

另外还有"公正和公平"这两个重要概念需要我们搞清楚。公正是态度问题，公平是结果问题。做到公正是出于公心，是前提，但若缺乏管理技术就可能"好心办坏事"，就可能从公正出发，但没有做到公平。当然，绝对做到公平很难，可在老师心中更注重的是结果。这点不可小视，因为透明工资的运行关键在此。

"用人不疑"或让管理走入败境

"用人不疑，疑人不用"，这句话曾是为大家所认同的用人之道，而且，是用以褒奖管理者胸襟所在的一种表述。但是，在现代管理思想下，这个说法却是需要辨析的。

"用人不疑"是基于充分信任，当然也是在肯定能力前提下的信任。于是，被信任者会由此构建一种忠诚心态，也会在这一心态下努力工作。而且，在高度的信任下，人们会把自身的能量得以最大限度地释放。刘备对诸葛孔明的信任使其鞠躬尽瘁，死而后已，唐太宗的信任让魏征敢于冒死进谏。

然而，信任与忠诚会因时而变、因人而异。当年，毛泽东对林彪是开始于信任，林彪对毛泽东也开始于忠诚，但时过境迁之后，当林副统帅的野心膨胀之后，不信任与不忠诚便与时而生。

所以，在现代管理学中，应该提出一个问题："用人不疑和疑人不用"究竟是"道"还是"术"？

我看最多算是"术"，"道"不在此。

中国从奴隶社会到封建社会都是在"族亲制"下构建的用人机制，也就是我们所说的"任人唯亲"。后来在"任人唯亲"下产生许多家族纷争和喋血教训后，明智的君主才提出了"任人唯贤"，这是一种社会进步的行为，但仍然是摆脱不了社会机制的羁绊，仍然是缺少客观、科学系统下的用人机制。

现代的一些私人企业也是如此，特别是在我国的家族企业模式下，很多情况都困惑于如何用人。抑或更多的家族企业还在中国封建文化的"忠信"思想指导下去用人。然而，事实很清楚，那些把信任和事业交给自己亲属、乡党或哥们的老板们，最终的结局很可能就是被这些曾带着可信度的"自己人"所损毁，甚至会"亲离朋散"。

那么，真正的用人之道是什么？

毋庸置疑，是健康的用人制度。

这个制度中包括"任人唯贤"、"知人善任"的遴选机制，包括"人尽其责"、"功过清晰"的评价机制，包括"监督体系"下的人才保护机制，等等。这里不谈君主思想下的"信任用人"，因为"信任"很个人，也很虚，很有变数。只有制度的健康、健全才能保障用人的正确性。

所以，辨析下来，我们应该清楚，"用人不疑，疑人不用"看似有些人文，但实际上是很不人文，是对人工作的"安全、健康"发展有失保护的思想。于是，我们可以这样说，现代企业构建的用人机制词典中没有"信任"二字。

我在学校管理中的七项创意

学校的办学理念本身就是在描述办学目标，而如何实现目标就是一个择路的问题。可以这样说，如何走向目标是有大路、小路、偏径之分的，甚至还有弯路，但最好的路是捷径。捷径就在创意中，创意会使管理变得很美。

以下是我在学校日常管理中的部分创意归纳：

1. 拿到手必收藏的宣传折页

我们新创办的幼儿园是需要宣传的，但一般的宣传页会被现今市场中满天飞、满地扔的小广告淹没，甚至使人反感。于是，我给自己提出一个目标，让我们的宣传页具有收藏价值。

我设计了一个十折页的教育长卷，一面是幼儿教育的散文诗，包括核心理念以及简约的环境介绍；另一面是我创意的"儿童成长刻度板"。关键在"刻度板"，因为这是我和幼儿园的一些很专业的老师一起，找了大量的资料，把幼儿从三个月开始到六岁的五项成长指标，用简单的具体事例进行表述。其中，横坐标是时间，纵坐标是成长指标，包括语言、动作、能力、知识、情商。

这个"刻度板"捆绑着我们幼儿园的宣传内容，在派发中效果出奇的好,甚至遭遇了众多家长的哄抢。

2. 移动图书馆

2009年秋季,学校在快速发展中教室不够用了。小学校长对我说差一间教室,还提出要在原有的两间阅览室的基础上,再增添一间阅览室。

这个题着实让我为难。对校舍进行改扩建吧,客观情况不允许。于是,换个思路,想到了从阅览室做文章。阅览室就是读书的地方,但读书的地方不止阅览室,教室也可以阅览。豁然开朗后,我对小学校长说:你要的一间教室找到了,我把原来的两间阅览室拿出一间改成教室。我这个看似拆东墙补西墙的方案,令大家不解。更不解的是,我还说:我再给你们20间新的阅览室。

哇噻!王校长要给我们建新图书馆了吧!

我没有建图书馆,而是设计了一种可以放在走廊的移动图书车,每个车就是可以装200多册书的大书架。这样就可以在下午读书课的时候,学生不离开教室,把图书车推进班级来上阅览课。随后在使用中我再次延伸了这项创意,把"移动图书馆"装进了"图书漂流记"的内容。具体做法是,号召学生把自家的好书拿来共享,并在每一本书中夹上一页"读书留痕",每个读书人都要写一点读后感,之后在"漂流"过程中分享心得。

3. 母亲节和回家日

我们办的是一所给孩子们许多关爱的学校,所以,毕业离开学校的孩子们都对母校有很深的情感。当我看到许多往年的学生常常回校看望老师的时候,就萌生了一个让孩子们"集体探亲"的想法。于是,在

2012年就创意了一个"回家日"的活动。

哪天回家最有意义呢?我选择了五月的第二个周日,这是一个很有亲情的日子,是母亲节。这一天我们是在《常回家看看》的歌声和亲人重聚的泪花中度过的,很有意义。尤其是以成长为主题来做活动,更是把我们的教育追求解释得很到位,因为我们提出,教育要关注儿童一生,教育没有断接点,这是"一日为师终生有责"的情怀,是学校的教育理念体现。

4. 独有的河南节

这个节日的创意很乡土也很校本,独属于河南,也具有独特的意义。尤其是在当下河南人更需要自信的情况下,我们从"一部河南史,半部中华史"的厚重文化入手,从儿童的乡土感情出发,唤起一种情怀——我骄傲,我是河南人!

活动固定在每年的十月,一般历时一到两周。目前已经做了两届,主要内容和形式是,分年级、分内容,由学生和家长共同参与,挖掘河南的各种文化,包括风景、人物、特产、小吃等。后来继续深入到当下的英雄人物、孝敬人物、艺术人物等专题,以及自然、环保、饮食、安全和一些社会问题等。每届都有新创意,每届都有新亮点,人人都要参与其中,人人都在活动中受到教育。

如今,我们的校园河南节很红火,许多媒体都介入报道,家长也积极参与,而且用家长的感受语说,"这样的教育比书本厚"。

5. 超市购物有教育

我一直信奉,只要我们用心,处处都有教育。因为我们是寄宿学校,在双周之间有一个双休日外地学生不回家，所以，我们根据实际情况，在校内组织了"假日学校"，由老师按课表安排学生读书、写作业、开展特长、外出活动等，其中有一项活动是到学校附近的超市购买零食。

刚开始这仅仅是一种带有人文味道的管理而已，后来经过思考后我把教育内涵也融入其中。进超市前对孩子们提出购物计划，购物后以假日班级为单位计算平均花销，对超市中某些商品做调研统计，对过度包装和食品安全等问题进行调研评议等。当然，对不同年级的学生，我们的教育内容也很实际。低年级的学生侧重于简单计算，中高年级的就侧重于社会认知和分析。

其实，购物中做教育并非是创意，而是教育本该做的事情，只是我们的教育目前太关注书本，太注重分数了。所以，我的这项创意的本质就是在实践着陶行知先生的"生活即教育"教育主张。

6. 踮起脚来读报

我们读的不是一般小学生的那些学科类报纸，是读综合类新闻报纸。这项创意推进得很艰苦，首先在班主任这个操作层面就有阻力，不情愿。因为大家认为，现在的儿童属于"读图一代"，也就是说连字数多的书籍都懒得读。或许这是实际情况，但我的管理思维就是要做"难题"，就是要"突破"。所以，我在推进小学生读报纸的创意中，使用了行政强制手段。

出乎大家的意料，在老师们还没有完全接纳的情况下，我们的学生却已经在"天天读"中对国内外的新闻产生了兴趣。目前，已经坚持三年多的这项活动，在学生中坚持得非常好，做到了班班走廊都有"新闻墙"，学生争抢着当读报员和剪报员。每天课间的时候，在走廊中总是有许多孩子围着"新闻墙"指指点点，议论着一些发生在国内和国外的事情。

我在推进这项创意的时候说过,有两个阻碍现在孩子成长的问题:一是太自我,对周边的人和事缺少关注;二是我们的教育太功利了,一切围绕着课本,这是因为我们向孩子们要分数所致。所以,我们让孩子们踮起脚来读报就是要解决这样的问题,就是要让他们用"童眼看世界",就是要发展儿童成人之后所需和必需的优秀品质。

7. 学生档案袋

一般来讲,在学期末每个学校都要给家长送去一份成绩单和综合鉴定。但我在办学之初就创意了一个"学生档案袋"。这个操作很简单,是把学生在本学期中所有的相关资料都在班主任那里保存好,期末装袋。这里包括平时的作业本、测试卷、美术作品、假日作业、手抄报等,也包括老师的月度评语、学期各科教师评语,以及平时的家校沟通记载。这个档案袋需要教师在每个学期末亲自送交到家长手中,一般都是以家访形式完成。

这项创意在我们办学中收到了两大效果,一个是家长在看到老师保存完整的学生学习资料后,被我们的细致和我们的过程管理所感动。因为一般情况是小学生写完的作业本是随手丢掉的,而我们却保管起来,最后物归原主、物归家长。用我对家长说的话来概括就是——留下孩子们成长的足迹,家长要当"收藏家"。另一个是大家意料之外的"副产品",由于老师们事先知道学生作业本最终要送到家长手中,所以,平时批改作业都不敢马虎,非常认真,唯恐家长在阅后对老师提意见。用我们教务主任的感受说,学生作业本回家后,我们的日常作业检查省事了,这是"一箭双雕"。

第二篇
团队建设

一所好学校必有诸多决定性要素,包括办学理念,包括管理水平,也包括课程文化等,但要素中的要素是什么?是人的最佳组合——团队。

那么,最佳组合的组织特点是什么?

是方向一致,是步调一致,是干劲十足。

还有,最佳组合的成员特点是什么?

是尊敬团队原则的人,是善于学习的人,是行走在上行通道上的人,是有团队荣誉感的人,也是普通的人。

群体不叫团队,组织也未必是团队,只有如上所述才属于团队。

好学校必有好团队,好团队必有幸福感,而且,幸福就写在老师们的脸上……

团队建设的力学原理

一所学校的团队管理在许多情况下都渗透着力学原理。例如，起到凝聚团队作用的系统内部的向心力；表达团队管理系统完整性需要的结构张力；决定团队行为方向是否和谐以及能否对外部产生影响的"磁场力"；还有个人内在动力与外部环境以及制度因素的外在动力的合成，即对学校发展起"加速度"作用的合力。

以下分析便是基于感悟和体验，使我们认识到管理的力量之所在，此为管理的力学。

向心力

校长的管理作用首先就是要基于文化构建，形成一个以校长和校长管理思想为核心的向心力，这是毫无争议的问题。反之，在一些管理出问题的学校中，很多情况下，第一问题就出在了队伍缺乏向心力。而缺乏向心力的队伍必然呈现出"一盘散沙"状态。

对于这样的问题，我们也可以定论，即便学校的制度建设很完整，即便学校的办学思想和文化很先进，但由于校长的个人管理能力和工作艺术不到位，缺乏个人修养和个人魅力，学校教师与校长的离心离德便会让这个团队缺乏凝聚力、缺乏向心力。

结构张力

这是一个比较抽象的概念,是在解释管理结构的完整性和互动性时提出的说法。比如,有的学校管理系统很简单,只是一味地在建设制度,以为在完整的制度约束下就可以把学校管好。显然,这一观点和做法很直线,忽视了人文管理的建设。又如,即便校长关注了制度和人文的和谐建设,但由于对学校的文化发展,包括特色建设,都没有体现出一定的高度,那么,充其量只能说是构建了一个管理平面。

好的学校管理体系应该是立体的,是由制度、人文、特色(高度)构成的一个相互关联的管理架构。而且,在管理积淀中,这样的立体框架中还渗透着一种个性文化。这种文化的作用有如张力,使各个维度的管理机制既相互独立又相互联系。具体说来就是,让制度支撑人文,让人文走进制度,让特色(高度)诠释人文。只有这样才能体现出管理的张力之所在。

磁场力

正如电磁学的分子环流说,当一所学校内部团队的元素以统一的意志、统一的步伐,形成了一个高度一致的行为方式时,在其周围便会出现强大的"辐射场"。

这种"场效应"不仅有着整合内部团队的作用,而且对外部形成的影响作用也是极其重要的。用实际语言叙述,这就是一种由学校管理形成的"文化场",对置于其中的新成员具有极强的"磁化作用"。

应该肯定地说,任何一所学校的这种"磁场"形成都不是一蹴而就,非一日之功,都不是经过一次或几次的强化培训就能实现的,而是经历、积淀、提炼的文而化之的过程所致。所以，所谓的"磁场力"本质上就是一种"文化力"。

内外合力

我们可以认定，每一位教师都有内在的工作动力，不管是出于热爱，出于职业，或出于其他因素，都会在一定条件下显示出自己主动发展的意识和行为。

而外力是什么？我以为，无非两种主要因素：

一是学校在管理中构建了健康的激励制度。如考核制度下的优秀者提职、加薪或奖励，也包括公平的惩戒。在这样的外在力量的正负激励促使下，教师的工作积极性得以正向发展。

二是外部环境的作用力。比如，学校办成了一方名校，教师在工作中获得了很大的职业荣誉感，也包括社会及家长对教师的期望，以及因此而必须承接的那份责任，还包括教师对自己这份工作的认同和珍惜等。这些都属于外部因素在作用教师团队以及个人的发展方向，也是一种推进教师向前迈进的外力。

当然，在学校实际工作中，也不乏因管理问题使教师的内力无法释放，或教师的内力方向与外力方向相背的情况。这就是我们所说的内耗力、摩擦力的问题，是管理不善的结果。而我们期望的优秀管理是，在内力的主动释放下，内力与拉动团队前行的外力方向一致，形成一股和谐发展的团队合力。

"权散人聚"是校长管理之道

蒙牛集团董事长牛根生很懂管理,他的经典之作就是"财散人聚"。其做法是把集团的股份的大部分分给了骨干管理人员,让他们都由打工者变成了当家做主的人,都在实质上而不是精神层面上成为集团的"自家人"。于是,蒙牛集团在最大限度上调动了许多人的内在积极因素,使集团的管理变得更加有力和轻灵。

不仅牛根生做到了这点,松下幸之助更是如此,偌大企业中松下幸之助只占有很少的股份,更多的股份都分给了员工。还有一个最典型的人物,水浒中的宋江,素以仗义疏财为手段,凝聚了一批山寨好汉为他所用。

"财散人聚"是管理智慧,反之就是"财聚人散"的管理败笔。

在学校管理中虽然不存在企业的经济特点,但我认为,校长的管理思想中也存在"权散人聚和权聚人散"的问题,需要研究。

我们先看看反面问题。如果作为校长,大权独揽不说,小权也决不下放,大事小事都是校长一个人说了算,那么,我们必然会看到的问题是,所有老师包括中干,几乎都不必用智慧和主动的态度去做事了,一切都处于等待中,等待校长发号施令才去做事。以至于中层管理人员成为"传达室"的师傅,即使是自己能处理的问题都不会也不必去主动办理,都要等着校长说话。

曾有一位校长在和我交流学校问题时，抱怨自己的下属缺乏责任感，工作不主动，不推就不动，事事都要他操心。后来我就在他的学校里找了一些中层干部和老师谈话调研，大家几乎口径一致地说：我们的校长特能干，啥事都操心，啥事都要管到位。这是正面的话，也有直击问题的，说：校长就是拿着手里的权力不放松，你不给我们工作空间和职责内的权力，当然我们也就没有必要去担当责任了。

我奉劝这位校长的话很简单："别太累了，学会放下。"刚开始他没有明白，后来我解释说："放下就是下放，下放权力，解放自己，也解放大家。"

这里说的就是"权散人聚"的道理。校长把权力下放后，让每个管理人员都能有职有权，在本该属于自己的空间中去做事，去担当。不必大事小事都汇报，该做主时就做主。我在面对一些主任向我汇报工作时，常常先要判断，这事是不是必须由我拍板，必须由我承担。若不是这样，我就会问："你是要我帮你出主意吗？"若不是就要批评了。

反之，校长要是聚权的话，就像一部大马力的"发动机"，带着整个学校运转。可实际上学校里绝非仅此一部能主动运转的"发动机"，而是每个人都有"动力源"。校长的任务其实应该着力在"发动"，用"钥匙"来"发动"让大家都动起来，主动工作、主动承担，这才是一个团队应有的生态表现。

早年，我在学校中曾遇到一位懂管理的于显州校长，他常说的话是，"我就管两个人。"他管的两个人是谁？一个是教学副校长，一个是后勤副校长。后来我给于校长"画了一个像"，描绘他的特点是"手短、腿长、嘴小、耳朵大"。其中，手短是指他从不到处插手，从不越级管理；腿长是指他常常走到老师中间去调研和发现问题；嘴小是指他从不说大话，也不轻易表态，不是那种见事就说的校长；至于耳朵大是表述他很善于听，听各种声音，接收各种信息。于校长是典型的活得悠然、干得轻松的校长。关键是在他的管理艺术下，把学校治理得井井有条，而且各级管理人员也在他的放权下，有心劲，工作主动，成长很快。

常言说得好，"婆婆勤快媳妇懒"。校长勤政固然是好事，可校长的勤政应该勤在何处是个问题。我认为校长的勤政应该表现在大小两方面，大处是抓办学方向，小处是抓细节调研，而不是具体管理，不是做"勤婆婆"，更不是做"恶婆婆"，要做就做会放手的"智婆婆"。这样才能让部下得到锻炼和成长的机会，也不会演绎"多年媳妇熬成婆"的成长窘况。

总之，在学校里做校长要坚定一个立场，校长不是权力集中的代表，但校长确实应该是学校的代表，而且我总结了校长在学校中的"三个代表"如下：

第一，校长应该代表着学校办学品位高度，这叫学校的"高度表"。第二，校长应该代表和建设学校的课程文化，这叫学校的"课代表"；第三，校长应该用自身的修养代表着学校团队精神的精神面貌，这又可以叫做是学校的"团代表"。

校长的力量

既为校长,当有不凡之处。或曰魅力,或曰领导力,魅力很概念,领导力很具体。

领导力的具体性是可以分析的,是因人而异,因素养和风格而异。所以,我们不能也不想去企望校长是"高、大、全"的,但却能从他的工作表现以及力量释放来进行综合描述。

以下权且把校长的力量分为八种:

1. 洞察力——洞察力是指看问题角度独特,方向准确,是有高度和有广度的观察力的表现,也是以自己的思维修炼出的看问题的功夫所在,更是能透过现象看本质,并且大事看得准,小事看得见的本事。在事件之前,提前于众人看出潜伏问题,以便做出预先管理的方案,因此洞察力很能反映出一个校长的管理水平。

2. 分析力——分析力的表现在于,从耳朵进入或眼睛进入的信息必须先进入大脑加工,再从嘴巴说出去,不能在不加工的情况下直接从嘴巴说出,这样的校长很容易在工作中被谗言所惑,甚至被无良下级利用。另外,接收信息不能不处理、没反应,也不能不储存,这个耳朵进去,那个耳朵出去。分析力是需要功夫的,要具有辨证看问题、换位思考的技术,有大局观、平衡观等思维基础。所以,分析问题是否正确是否到位就是分析力。

3. 决策力——是在接收到外界的策划后，以及遇到紧急事务时，需要校长适时进行拍板确定的力度。这是在分析力基础上的后续能力。先是能否正确判断分析，再是轻重缓急的判断分析。决策力的表现是有识、有胆、有力、果断。

4. 策划力——不是每个校长都具备策划力，有些校长恰恰就是守业型风格，所以，具有策划力的校长一定是非常优秀的校长，一定是具有创新意识和创新能力的校长。尤其是创新能力很可贵，这是在具有创新意识下的个人力量的表现。而且，校长的创新能力往往具体表现在对教育教学管理和对大型活动的策划力上面。

5. 执行力——校长的执行力不仅是对上级指示的贯彻问题，更是对自己组织中做出的决策进行贯彻落实的问题。这个问题属于策划力的后续，是说到做到的坚持态度和推进力度，是实干型校长领导风格的表现。反之，有些校长惯于会上夸夸其谈，会后不抓落实，这也是执行力不足的问题。往往许多校长却把这样的问题归结到下属执行不力，其实这是校长自身的问题。

6. 推行力——这是与执行力不同的问题，是比执行力更高级的一种强硬执行过程，是指在执行一些策划、计划时，遇到强大障碍时校长的坚决态度和高超技法。所以，推行力是有很大技术含量的，有时要刚柔相济。例如，在学校推进课堂改革时，肯定会遇到层层障碍，但凡做得好的学校，无疑都是因为校长的坚强，都是因为校长具有很强的推行技术和力量。

7. 号召力——许多情况下权力就是号召力，但是，这样的号召力会掩盖校长管理是否真的有力，会出现假象，有强权逼迫行为。所以，真正的号召力本身应该是健康的，是在组织中的积极自觉的态度下表现出的号召力，是一呼百应且又发自内心的响应。是校长平时工作积淀的人文关系，以及校长内在的人格魅力所呈现的一种力量。

8. 影响力——与号召力不同,这是校长更加内在的品格和行为影响,是校长个人素养、修养在长期工作中构建的"场效应"。影响力属于管理的文化范畴,其表现是不用文件要求,不用制度约束,只由校长一言一行即可影响到学校教师的工作态度和组织精神。显然,这样的校长本身就应该属于学校的文化品牌,否则,无法谈及影响力。

总之,作为校长而言,绝非是因为有权力就会有领导力,权力是实施领导力的条件,但不是绝对条件。权力可以在健康或不健康的情况下获取,但领导力必须是在素养和修炼下得到。所以,我们作为一校之长,应该摒弃"用权意识",应该找到校长的力量在哪里,应该在管理实践中不断总结,不断提升,用己之长,形成自己的工作风格,找到最适合自己的管理的发力点。

校长的自激与活力

对学校实施常规管理,对上级主管和下属团队尽其责任,构建和谐教育教学秩序,制定落实各项工作目标等等,这些都是校长的定位坐标。

然而,若从教育发展和学校创新以及校长个人成长的角度来看,我们还需要思考的是,如何让这个基础坐标在发展的意义上动起来;从价值向度讲,这是校长品质的提升和追求。

常听一些校长抱怨:杂事太多,框框太多,会议太多,婆婆太多。当然各种桎梏和樊篱可能存在,甚至还会有更多的机制凝固问题绑缚手脚。但作为校长,必须清醒的是,任何外界因素并非是起决定作用的,关键是不能藉此把自己的头脑和思想也束缚在一个自闭空间里。若此,校长非但自身不能成长,学校发展也必然受到制约和阻碍。所以,校长的成长在于自激。

自激就是建构自身发展的动力系统,自主寻求发展空间,不断进行自我评估、自我否定。作为个人的生命质量和价值,作为学校建设发展的需求,校长的自激和由此体现出的个性活力,将直接影响着学校的办学质量和管理品质。

可能我们首先遇到的问题是,校长必须要在繁杂的事物和琐碎的管理中腾挪出一份空间,不断学习,让思想跟进时代教育的步伐,不断思考，用创新意识引领个人与学校共同前行。其实，给自己留出思想的时间和空间并不难，关键还是解决好自身的管理品质和行为问题。若校长事无巨细，揽权于一身，甚至越权管理，则是一种自讨苦吃，也让人难受的做法。这种情况下，不要说自己没时间学习提升，就连所带的团队可能也只能跟着我们"低头赶路"，而且还会有一种疲于应付的局面出现。为此，我们应该提倡"简约管理"，在解放校长自身的同时也解放了其他管理者的手脚和思想。如此，校长才会有更多的时间和空间去思考有高度、有创新、有品质的教育问题和管理问题。

应该提出的另一个问题是，校长的品质提升是不能脱离学校教育教学的土壤的。因为校长的工作性质不仅在于理论研究，更多的还是实际工作，所以，有些自诩为研究型的校长，缺失具体的管理实践，不走进教师之中，不坐到课堂之内，不和学生零距离接触，则必然会在成长的过程中出现"缺氧"现象，也会由此导致与学校和教师发展脱节的问题。

实际上，校长自身的成长是一个课题，是从理论修养到实践佐证的解题过程，是一个科学链接的问题；或者说，既是一个个人行为也是一个组织行为，因为，一个好校长就是一所好学校。

校长成长的进阶是从懂教育到懂管理的过程，而且最终将步入的境地是，做一个既懂教育又懂管理的校长，同时，还必须做到能把所有的管理中的教育成分提炼出来。例如，我们从培养教师创新意识的观点出发，就应该删减那些过分、过细的制度和量化管理，否则就会捆绑教师的主动和创造性工作行为，也会因为我们的过分计较造成教师的过分计较。这里就体现了管理中的教育问题。也包括对学生的管理，若我们仅仅把学生看做是被管理者，那么，在缺乏学生自我管理的客观条件下，学生的发展就是被动的，就没有透出教育功能来，这无疑是不懂教育的管理行为，是不可取的。

校长的思想活力决定了学校教育改革的开展。而在教育改革势在必行的今天，校长的自激成长，校长的生命质量就显得尤其重要。事实上，我们预见和所见的那些教育改革走在前列的学校，处处透出蓬勃生机和勇于创新的学校，在很大程度上，就是因为有一个绽放着教育智慧，躬行在教育实践中的好校长。

可以肯定地讲，校长的活力，校长的"脱俗超凡"，在一定意义上，能提升学校的价值诉求，提升学校的文化品位。

校长的"三头六臂"

那次,一位校长在工作遇到困难时颇感无奈地对我说:"我要有三头六臂就好了!"

我说:"校长是该有三头六臂。"

我不是在神话校长,也不是说校长必须是全能全才,从校长的韬略与管理技术而言,"三头六臂"是优秀校长应该具备的一种基本能力。

分解说来,"三头"指的是校长应该具备的"三种头脑":

其一是,有全局战略的头脑。

这属于"战略思维",是站在全局的制高点上看问题的思维方式。正如围棋在开盘时的"布局"一样,需要校长从"投放第一个棋子"开始就考虑以后的全局问题。

具体说来,从宏观工作上便是做好学校的发展规划,把握好大方向,指明道路。

当然,不仅于此,在"棋局"到了"中盘"的时候,如何在大局观下进行取舍?什么样的工作属于重心所在?如何判断和抓住主要矛盾?怎样在全局思维下调整工作计划?

这些都是校长是否具有全局战略头脑的表现,是校长的基本功。

其二是,有创新思维的头脑。

这属于"战术思维"。相对前者而言,这是校长工作能力结构中的高级思维。其表现为，凡事都不会墨守成规，都会主动寻找新的视角，善于在批判思维下去求异，甚至在看准问题后，敢于力排众议，坚持自己的想法。

这样的思维会让学校工作呈现出极大的活力，也会产生在常规工作基础上的"螺旋式上升"效果。

其三是，有合理用人的头脑。

这属于"布阵思维"，也是用人观。这个思维下，我们有一个观点：不要期望自己的队伍都是精英，只有最佳的组合才会呈现出精英队伍的表现。

试想：若是唐僧手下三个徒弟都是孙悟空，在谁都不服谁的情况下，这个队伍好带吗？

所以，有个偷懒的八戒，有个任劳任怨的沙僧，再加上个性极强、能力出众的孙悟空，这才是实际的队伍。

"排兵布阵"，也就是合理分配工作。

所谓"六臂"指管理技术中的"左右手"、"软硬手"、"上下手"。

先说"左右手"。

左手抓制度，右手抓人文，"独臂将军"要不得。

没有制度就失去了团队的"骨架"，没有人文就会让"骨架""缺钙"而变得脆弱。

有的校长专长于制度建设和运行，以为制度管理就是一切，所以，学校显得毫无生气。有的校长过于依赖人文关怀，法度观念淡漠，队伍缺乏约束，行动步调混乱。

所以，校长的"左右手"必须联动。

再说"软硬手"。

这是校长处理问题中最常用的技术。当学校组织成员出了问题时，面对处理对象，或"先礼后兵"，或"先兵后礼"。比如，出问题者是个个性很强的人，简单的单刀直入的批评会适得其反，会激化问题，所以要"先礼后兵"。反之，如果是校长的"爱将"出问题时，一般会用"先兵后礼"。所以，"软硬手"使用的关键是顺序。

"软硬手"的通俗说法很多，如"打一个巴掌给一个甜枣"，"软硬兼施"等。理性一些的说法便是会用批评与善用鼓励。当然，批评显现的就是"硬手"，鼓励与表扬抑或可以叫"软性管理"。

与上同理，只会批评的校长管理上是有人格缺陷的，因为一味地批评会让人感觉不舒服。有时，尽管你批评得对，尽管你才华横溢，但大家会对你敬而远之。相反，如果没有原则，不敢拉下脸皮直接对事、对人进行批评，唯恐得罪人，那么"过软"的单一表扬和鼓励也可能使校长无法树立威信。

后说"上下手"。

"上下手"的概念可以这样理解，所谓"上手"是抓宏观大事，是抓理念抓思路抓整体工作的手法。"下手"是抓微观细节，是抓工作落实，抓基层调研。

"上下手"协调使用的效果是，大事抓得准，小事抓到位。尤其是在中小型学校中，校长在抓好大局的前提下，许多情况应该关注到工作的细节，这样才会使计划落到实处，才能保证管理评估的信息来自于直接渠道，才能保证决策的准确性。

只有"上手"功夫，没有"下手"支撑，校长的工作很可能会悬在空中，脱离实际，是"空手道"，抓不到点子上，起不到有效管理的作用。

校长随身必备的"六件工具"

对校长的能力结构而言，合格的校长应该是办学有道和管理有方的。至于办学思想，属于比较宽泛和具有共性意义的范畴，而管理有方却透着许多个人管理风格的问题。从科学治理学校的角度出发，我认为校长应具备六种工作意识和方法，谓之校长随身必备的"六件工具"。

一串"钥匙"

我认为，每个教师都是一个"能量源"，每个"能量源"都有一个具有自身特点的"阀门"，所以，优秀的校长会找到适合开启每个老师"阀门"的钥匙，会让这个集体中每个成员都在工作中欢快地释放着自身的能量。

反之，如果管理不善，人文缺失，有些"能量源"就会处于闭锁状态。这种状态的表现就是老师们会牢骚满腹地消极混日子。

另外要注意的是，校长的"钥匙"应该是"一串"，因为人有个性，所以，没有"万能钥匙"。

一支"画笔"

校长应该是一个"画家",不仅能给学校整体发展画出一张最美的愿景蓝图,而且也能够给每位教师画出最适合的发展画卷。

这便是愿景管理技术,是基于"动力学"的原理,基于目标管理的要素,在外力激发下,让内力与外力方向一致,让学校和教师获得最大"加速度"。

一把"改锥"

学校好比一部机器,在运行中需要随时监控机器的各部分情况,包括任何一个"螺丝"的"松动"都会给这部机器造成危害。所以,校长需要经常对一些部位的"螺丝"进行紧固。

具体可以这样解释,任何一名教师、员工在工作久了时,都可能会出现一定程度的职业倦怠,甚至原本很优秀的教师,也出现了工作拖沓,跟不上节奏的现象。这时校长对其进行个性批评与思想工作就是"紧螺丝"。

一个"放大镜"

校长拿着"放大镜"干什么?绝不是拿它去看老师们的缺点,而是用它去看老师们的优点。当我们把老师们的优点放大后,你会欣赏你的老师,老师们也会感谢校长,这是会赏识教师的校长所为。

当然,得到校长赏识的老师必定会心情愉悦,心情愉悦下的工作也必定会效果最佳。

需要小心的是上述的反面，总是拿着"放大镜"找老师的毛病，吹毛求疵，百般挑剔，显摆校长"厉害"的同时，打击老师们的心态，使大家都很郁闷，校长也未必开心。而且，学校整体工作情绪会因校长的工作方法受到影响，这是问题的关键。

一架"望远镜"

校长的高度和视野决定了学校的办学品质和前行方向。所以，校长手中应该有一架"望远镜"，要善于站在高处去望远。

那么，望远关键是看什么？我认为首先要看的是现代教育的发展走向，因为校长在很大程度上是带领学校航行的"舵手"，"舵手"的基本功就是把握方向。所以，校长要用这架"望远镜"确定正确方向。其次是"望远探路"，校长在学校发展的大方向确定之后，必须给大家找到一条最佳的行动路线，以避免多走弯路和冤枉路。当然，这便需要校长拿着"望远镜"去高瞻远瞩。

一架"显微镜"

曾有一说，校长应该"抓大放小"。于是，有的校长便只管大事不问小事，这属于误读。因为"抓大放小"只是在诠释校长用权的时候，并不是指工作方法的。

事实上，一个好校长必须做到的是"抓住大事、关注细节"，也就是"抓好两头"。具体说，校长抓的大事就是办学思想、学校文化、发展策略、规范管理等；而抓小事指的是什么呢？我认为是在工作落实上必须把调研放在"神经末梢"上，必须在细微之处发现问题，这样才能使我们的工作不出现"漂浮态"，才能以身作则，才能体现校长的务实态度。

为老师们不喜欢的校长画像

出于自省或自警，我们不妨为校长描绘一张反面的画像。

画像一：板着面孔、专于批评

这是冷面校长，属于"杀手型"。有一双鹰一样的眼睛，总是不断地发现老师或下属的种种问题，并常常以批评家的角色出现，以威严甚至尖刻的语言去指责。这样的校长让老师们很惧怕，也很厌恶，甚至迎面相遇都会绕开走。

或许这样的校长业务精良，或许老师们也不无敬畏，但老师们却会敬而远之。

画像二：指手画脚、胡乱指挥

因为是一校之长，具有绝对的指挥权，所以不论场合，不分地点，处处显示自己的权力，以为自己是校长就什么学科都懂，任何方面都是权威。尤其是在缺乏调研的情况下，不顾实际问题，乱发指令，强迫老师。以至于在这样的淫威下，被指挥的老师有怨而无言，只能背后议论校长的"胡来行为"。

画像三：朝令夕改、管理混乱

这是严重缺乏计划性管理行为的表现，是"头脑容易发热"、"脚跟站立不稳"的校长。其中，遇事不缜密思考，不细致调研，拍着脑门做决策，这样的决策往往会出问题。于是，在实践中行不通后，不得不改。另外的情形是，缺乏自信，工作中常常被他人的意见左右。觉得张三说的对，就按张三说的做，后来李四说不对，就又按李四的说法做。

于是，朝令夕改，让下属无所适从，让工作秩序紊乱。

画像四：唯我独尊、大权独揽

总是想着自己是"老一"，是说了就算的"大当家"，是不可侵犯的权威。所以，在工作中大权独揽，甚至小权也不放手，属于"一言堂"。

这样的校长在工作中最大的危害是，会让下属失去工作的积极性，因为没有民主可言，因为校长把学校所有人员都视为"执行者"。

画像五：顺我者昌、偏听偏信

谁都喜欢被奉承，校长也是如此。但失去原则，被下属的"顺民"意识左右，偏听偏信，顺我者昌，这就是大问题了。特别是当校长被一些别有用心，专攻"唯上"之术的人所包围，让校长"视听受阻"的情况下，大多数教师便会怨声载道。

画像六：事无巨细、到处插手

这属于缺乏管理韬略，没有管理高度的校长所为。看似整天都在忙忙碌碌，似乎很勤政，但总是在抓"芝麻绿豆"，甚至是不分管理层级，不分管理板块，到处越权指挥。

如此下来，不但大事没有抓上去，小事也会越抓越乱。

画像七：高高在上、脱离群众

摆个官架子，整天坐在办公室，不进课堂，不和教师交流，目中无人，对教师的疾苦漠不关心，或者说是很政客，很官僚，总是让老师们"仰望领导"。试想，这样的校长尽管你有"八斗才华"，但你不能融于群众之中，缺乏来自基层的对话和调研，那么，你的工作还能深入人心吗？你的决策还能与实际相结合吗？

画像八：严于律人、宽于律己

有的校长最善于用制度"管卡压"老师，但自己又跳出制度限制之外，享受着校长独有的特权。本来制度管理就带有强制和约束性，会让一些老师不理解或出现抵制，这时若制定制度的校长不自律，老师们便会非常反感。

画像九：只攻计划、不抓落实

有这样的校长，很懂如何做计划，甚至计划做得超细超密，很框框，很死板。这不是问题，问题是校长把计划当作了工作主体，做完计划便万事大吉，后面的执行、检查、调整都扔在一边。最后导致工作很虚、很飘、很不到位，校长成了"计划校长"，学校工作出现了"漂浮状"。

画像十：会山文海、效率低下

有的校长特喜欢开会，喜欢在会议上口若悬河的感觉，喜欢用会议多少来标榜自己的工作业绩。特别是那些"长尾巴"会议，那些"海阔天空"会议，那些"无病呻吟"会议，那些"天天磨叨"会议，让老师们耗神费力、疲于应付。

可以定论，这样的学校管理一定是一种不务实的病态，因为效率低下，因为功夫没有用到实干上。

民办学校的校董关系

在民办学校发展中，提起董事长与校长之间的关系问题总会让人感到欲说还难，但这又是一个无法回避的制约着一些学校前行的实际问题。

问题的根本是许多办学者原本是商企老板，或许是带着一定的经营想法和习惯走到了教育领域。这样下来，对于所聘校长而言，必将面临着"外行管理内行"的客观问题。当然，董事长的个人修养与管理水平，校长处理问题的能力等因素，也会让这一问题所表现出来的形式和程度有所不同。但从共性出发，我们不妨谈及四种主要表现，并予以辨析。

"家长作风"集权，令校长陷入尴尬

不可避免，有些学校的董事长会有"这是我的学校"和"我的学校我做主"的基本思想出发点。于是，在"家长作风"下，不管事情大小，不顾决策对否，发号施令，越级指挥，随意乱来。等等做法都让校长为难，让老师抱怨，让学校无法按常规正常运行。

这属于"董事长不懂事"，坐到了校长的"椅子"上的问题。试问，作为董事长如果自身具有管理学校的能力还聘专业的校长干啥？而聘用了校长再处处插手学校管理，那么，校长的作用又何在？

毋庸置疑，这里的问题出在董事长，是董事长对校长的制度下放权问题没做好，是董事长的企业模式下的权力心态问题，是董事长的"以校为家"左右着自己的行走方式。

"家族参政"为患，制约校长管理

在民办学校中，特别是独资举办的学校里，"皇亲国戚"的参与遗患无穷。突出的表现是，财务管控、后勤采购、餐厅服务均被"自家人"把握着，校长只剩下教学管理板块了，但教学工作也是离不开财务后勤的支持。所以，许多情况下，校长在管理架构不完整的情形里，为了把工作搞好，还得看"家族势力"的面孔行事，这让许多民办学校的校长很为难，很郁闷，无奈中留下的是一声叹息，最终扼腕走人的事情并非鲜见。

其实，更多的情况下，学校的非教学管理板块应该是在健康的制度下运行，而绝非是依赖"家族信任"才能做好。不乏这样的实例，董事长因过分依赖亲戚而出现了采购和财务的漏洞问题，最后的结局是亲情破裂，学校的事业受损。

虽目标大同，但有行为方式差异

把学校办好，这是董事长与校长的契合点。但是，在具体做法上，很可能会出现行为方式的纷争。这是可以理解的问题。一般而言，作为董事长会首先从学校经营的概念出发，会把经济效益放在第一位来思考问题。但是，有些校长，特别是一些刚从公办学校走出来的校长，常常是习惯性把董事长当作"教育局长"来看，伸手要钱，不问效益。这是校长缺乏市场意识的问题，也是做民办校长的必须强化的一项新功课。

当然，也有董事长过度强调市场行为，校长坚持教育规律而出现的矛盾。这是两条腿走路的问题，但也是关乎办学立足点的问题。应该的结论是，在市场意识下，坚持以教育规律为办学根本。

不能换位思考，缺乏理解与宽容

对于董事长来说，在许多情况下，只要与校长没有实质性的矛盾，影响到学校发展，一般还是能够宽容校长的，就像上级宽容下级一样，从心理上比较容易做到。然而，校长在许多情况下却很难宽容董事长，尽管表面"臣服"，但心里未必如此。

为什么会是这样？仅仅是专业对外行的不服气吗？我看不仅于此，这里或许更多的是缺乏换位思考，缺乏相互理解。我常常劝慰校长们说：做一个民办学校的董事长不易，因为面对如此激烈的竞争，董事长永远是处于战战兢兢、如履薄冰的状态。一旦学校办垮了，董事长的结局很惨，而校长无非是"卷铺盖"走马换个地方，另寻出路。所以说，校长在看到了学校发展的时候，别总是想着是自己的功劳，也要想着董事长平时承担的风险。

如果作为校长能这样想问题就对了，就会对董事长有时表现出的急功近利，以及对学校运行中的一些外行做法有了一定的理解和宽容。当然，这是在不违背教育规律的大原则之下的宽容。

那么，董事长与校长之间的健康关系应该是怎样的？我以为至少也有三点需要清楚：

首先是责任划分问题。董事长应该是学校大政方针和发展规划的制定者，是财务预算和目标制定者；而校长应该是董事会决策的执行者，是学校常规运行的管理者。

其次是校长的自身定位问题。校长应该起到一个架在董事长与教职员工之间的"桥梁"作用。也就是在管理策略上能够兼顾二者利益，站在一个相对公允的角度上处理问题。反之，偏颇于任何一方都会出问题的，或者是失去了董事长的信任，或者会丢失教职员工的人心。所以说，民办校长要做到"宰相肚里能撑船"，这是至理。

　　再次是董事长为校长保驾护航的问题。作为董事长把管理权力赋予校长之后，在其大胆工作的前提下，要能够遇事而承担，为校长接风避雨。这样下来，校长在一路前行中才能够无后顾之忧，才能倾力于学校的常规管理和持续发展。

　　总之，从一所学校的健康运行和发展来看，我以为，董事长应该是学校的灵魂，他的办学思想和教育追求要渗透在学校的文化层面上；而校长应该是学校的一面旗帜，他的高度和影响会引领学校走上健康发展的大道。

如何防止被下级"无良管理"

所谓的被下级"无良管理",实际上就是指"被利用"的一种情况。这是在通常的管理行为中很常见又对组织体系管理运行健康有危害的问题。所以,作为各级管理者当为警醒和规避。

发生这样事情的原因诸多,但最终都要从管理者的自身修炼谈起。

主要修炼四条:

多调研,少听汇报

其实这是我们一贯提倡的领导工作作风问题,也就是要在平时多接近群众,走进日常的工作之中,最大限度从实际中获取真实和直接的信息,建立自身的管理调研的信息库。这样便具有了"第一手资料",是眼见的,不是耳听的,是来自于自身收集的资料。于是,那些带有个人目的或偏见的汇报信息,在我们管理者接收后,便会在第一时间把自身的信息拿来,在比较下去辨析,在思考后去表态,从而便会规避决断性错误的出现。

先接收,再延迟表态

可能来自下属一个新的情况信息很重要,但在我们管理者的原来

"信息库"里没有相关资料。此时的做法便是,认真接收信息,不要急于立即发表观点和立即拍板决策。除紧急事态问题之外,要静下心来,先调研情况,再分析加工信息。之后的决断便会相对妥当,便能较好地选择最佳的管理策略。换句话,作为领导的雷厉风行固然可贵,但若判断失误,把具有"无良意图"的信息拿来作为依据,做出简单和错误的工作决定,结果便可能很糟糕,不仅有损管理者自身形象,更重要的是对工作的影响极坏,包括团队民主化、团队的整体情绪都会受到危害。

避远近,不偏听偏信

这是一个管理者的道德准则。也就是说不要建立"小圈子",不要在自己身边构建一小批"嫡系部队"。这样,看似自己有了"可靠信息源",有了"顺风耳"、"千里眼",但往往在时间久了之后,这些"嫡系"中若有"存私己"的人,就会利用我们管理者去达到自己的目的。所以,我们提倡的是,管理者与被管理者的结构关系应该有"等距原则"。这样就可以较好地避免偏听偏信的现象,因为我们身在其中,不是在一个"角落"中听汇报、看问题。

善察人,会知人看事

几乎只要有群体在的地方,就会有多事之人。有句话是"说人是非者必是是非人",这是经验之谈,不无道理。当然,这是在管理的过程中逐渐对人的查阅后,经历了一段时期后,对所管理的人进行的辨析和认识问题。这也是优秀管理者的察人功夫所在,是在经历后对人的事前印象所得的前提。于是,知其人便知其事,便可以预防在前,避免"被管理"后的错误出现。

中层干部的"十字线"和"坐标"

凡是谈及中层管理都集中在执行力问题上,似乎中层干部只是上传下达的"二传手",抑或是落实具体工作的执行者。其实,这是一种对中层干部作用的浅解,甚至在一定程度上也有所误读。

中层干部应该是有思想的管理者,绝不是"领导的嘴"和"领导的腿",当然也不是在下面遇见麻烦就上报的"问题传达室"。尤其是对于组织成员的工作关系管理,对自身位置关系的管理,更是中层干部的一种必要修炼。

中层干部处在组织的十字线上,对上有领导,对下是群众,左右还有平级关系。所以,这样的十字线本身就具有一个错综复杂的交点,而且,这个"交点"也会因此成为许多矛盾的"焦点"。可见,中层干部不好干,岂止是一个简单执行力可以说得清楚的。

我们不妨对上述的十字线做一些问题抛出和铺陈:

首先是面对不同工作风格的领导,中层干部会遭遇怎样的难题?如,用权说话、不容置疑的强势型领导,事无巨细、越权指挥的随意型领导,朝令夕改、跳跃思维、变化比计划快型的领导,没有主见、偏听偏信型的领导,等等。这些问题的解决方法我们或许不可能说清楚,但却有一个共性的解决原则,即:"宽容、沟通、适应"。

宽容是修养,是因为"人无完人",谁都有短板,宽容是顾全大局,也是减少集体组织的内耗，宽容更是从工作的需要为出发点。当然，所有的宽容都不是用原则来换取的。

沟通是方法，是管理好一切人际关系和工作关系的基础。特别是对于上级的工作关系，沟通尤为重要，而且需要讲究艺术性，不可简单行事，又不可畏惧不言。

适应是需求，是一种自我管理，是在改变不了领导的前提下，用自身的能力改变自己。并且，如此的适应原则也是为了工作所做出的努力，是在不有损工作的意义上的适应。尽管这样的适应需要时间的折磨，需要付出一些痛苦。

其次是面对下级的工作关系问题，这是作为中层管理人员最好做又最难做的事。好做是因为有组织赋予的管理职务的支撑，难做是只会用权力发号施令，不去以身作则、率先垂范、深入群众，最后就会失去了群众基础。而这二者的尺度把握就是中层管理的工作艺术，是管理好下级，落实好领导交代的工作的要点。

在处理自己与群众关系时，也有三个关键词：责任、宽容、沟通。常常见到这样的现象，当工作没有做好时，中层干部就把责任一推了之，对领导说，你的指示我都贯彻下去了，是大家没能力、不听话。显然，如此的责任推诿，不敢担当，不但群众一定不买账，而且领导也不会满意。再就是宽容问题，当遇到工作难题的时候，动辄拿自己的优势去责怪下级的无能，这就是不宽容。试想，如果群众的工作能力都和你一样，或者比你还强时，你的中坚骨干作用在哪里？至于沟通问题在这里很简单，不会主动沟通就必然脱离群众，脱离群众这一工作基础，一切工作就很难开展。

所以，管理好与群众的工作关系这条线只有一句话：当好群众的服务员，把责任作为岗位道德，一切工作干在群众的前面。

上述的两条工作关系线是纵线，横线是平级关系问题，是中层干部能否做好的难点。为何这样说？因为这种关系中既有竞争又有合作，是一种对立统一的关系，所以，难以把握。

在这一关系中，会遇到形形色色的人和事。如，排挤、踢皮球、用心计、拉山头，包括搞小动作、搞不正当竞争等。对此也如前述，不去研究具体解决方法，只是提出两个基本原则：一个是先有合作，再讲竞争；另一个是相互补台，绝不拆台。把握不住这两条原则，就像鸟儿失去了腾飞的翅膀，你就无法提升自己。说白了，平级工作关系的处理是能否获得继续提职的关键。

再说坐标问题。中层干部的坐标在十字线的交叉点，这是一种位置的描述。在实际工作关系中可以做一种比喻，从纵向来解构，中层干部的作用就是一座桥梁，是沟通上下级的桥梁，是决定组织机构上下合辙、关系通顺的节点，也是领导与群众保持联系的负重点。从横向来比喻，中层之间就像桥下面的河水，贯通流动着，而且你中有我、我中有你，谁也离不开谁。

然而，就这样一个坐标点却会让一些中层干部找不准。比如，偏上了，和领导亦步亦趋，仅仅围着领导转，这就是脱离群众。偏下了，觉悟不到位，似乎总是站在群众立场说话，但却没有考虑集体和组织的利益，这又是没有高度的表现。还有，坐标点偏左偏右的情况，这属于亲疏不当，在平级中搞小核心、小团体，是做人的问题，更严重。

总之，作为中层干部，管理好自己所处的组织关系十字线，以及找准自身的位置坐标很关键。否则，把各种关系弄得一塌糊涂，把自己的位置坐标没找准，受到上挤下压、左右为难，工作就会感到很累。这好比背负了一个沉重的"十字架"，压得自己喘不过气来，也会由此而影响组织整体工作的健康开展。

新"三留人说"

　　面对且喜且忧的人力资源流动问题，无论是现代企业还是具有市场机制的学校管理者，几乎都在谈"待遇留人、感情留人和事业留人"的"三留人"说法，并且广为认同。不难理解，这里解决的是三个层面的问题，即生存、快乐和发展。显然，就管理而言，这是对人的一种深度关注，是人本管理的思想根基和具体表述。

　　事实上，对于这一说法若从整体角度和概念上讲都无可非议。但前不久与北京红缨教育总园长杨瑛女士交流后，颇有感想。她把这一说法用通俗而直抵人心的语言描述为，留住人才的三个理由是：赚到钱、心情好、学本领。

　　品味并比较之后，便看出了一些问题所在。其中的"赚到钱"之说似乎直白了一些，但却不乏亲切，更易让人接纳。而前者所谈的"感情留人"却在对比之下显得过于宽泛和过于概念了一些。如若管理者对此理解的层面较低，很可能便是把"感情留人"驻留在管理者与被管理者这条直线上了。也可以简单地用管理者的单向语言讲，"我对你好，你就得留下"。然而，若用"心情好"来描述这一概念时，其内涵便会显得非常丰富，因为决定一个人在一个群体中工作得"心情好"是由多种因素决定的。这些因素包括，领导的工作具有艺术性，方法得当，深入人心；学校的发展蒸蒸日上，使工作在这里的教师和员工具有荣誉感；学校制定的各种规章制度都能够体现出人文关怀；团队文化建设非常健康，处处呈现出团结友爱亲如一家的景象。如此，人的心情哪能不好。于是，一种长期与共的归属意识便会自然在这一团队成员中逐步构建起来。

至于"事业留人"也存在需要辩说的地方。这是一个既要统一谈论也要双边互论的问题，是很辩证的说法。我们不能只谈学校发展的蓬勃辉煌，而忽视个人的平台搭建和成长问题，尽管口号是"集体利益至上"，但客观讲，人的本性所在是不可以忽略的。任何一个人长期处于没有学习和提升自己的工作环境中，总是会有一种"本领透支"的疲惫感。久而久之，人心思变就要想着跳槽，想着寻找更适合自己的新平台。所以，我们若用"学本领"来简释这一说法，就是一种人本思想的体现，叫做"先考虑人"，先想着人的基本发展需求，这样便解决了现代社会中因科技进步和飞速发展的现状而引起人们的"本领恐慌"问题。

这里我们不妨把"赚到钱、心情好、学本领"叫做新"三留人说"。同以往的"三留人"一样，也存在着三者组合问题。试做如下命题：

一是，只存在着"学本领"的理由，工资待遇较低，心情环境也不佳。结果可能是一年之后就走人，因为学到了一些可以另寻高就的本领。

二是，只有工资待遇好，其他都很糟糕。那么，忍着赚钱，等觉得钱赚得基本过得去之后，即要离开。可能忍受期也不会超过二年而已。

如果说既能赚到钱，又心情好，或者是既能赚到钱又能学到本领这样两种组合，也应该是一种不错的环境，没有另外的特殊原因，也可能会相对稳定较长的时间。当然，若三者具备，则是最佳工作环境，是每个人都希望的最佳的、最稳定的长期工作环境。

至于只有"心情好"这样的独立因素环境，事实上是不存在的，因为基本的待遇平台没有，发展的期望没有，也只有那些平庸之辈才会安逸地待下去，而真正的人才是不会留下的。

总之，作为学校人力管理这一核心管理要素而言，如果能够深度理解和简单诠释我们提出的"三留人"之说，便会使我们的人本管理思想更进一步，也能够提升我们对人的管理品质和管理效益。

民办教师的生存态

回望20年民办学校教师队伍建设中的问题时,以全角视野来看待和分析,我曾得到一个简析的结论——在行进中,这支队伍从结构到管理正在步入规范化。

我把民办学校教师客观地划分为四种类型的生存态,同时在此基础上谈谈目前存在的三大问题。

四种生存态的分析如下:

第一是释放余热型:尤其在民办学校发展的早期阶段,由于社会上的教师大都有公职,几乎没有闲散的无职教师可用。所以,刚退休的教师便成了一些民办学校教师队伍主体。不难分析,这类教师在工作中呈现的特点是:应试教育经验丰富,但教育服务意识不足;稳定性很强,但创新意识较差。或许也可以说,当时,民办学校更多的存在意义是对公办学校规模不足的补充,而不是出于对现代教育的引领,于是,此类"释放余热"型教师确实起到了担纲的作用。

第二是挑战机制型:这是不安分于公办机制,敢于挑战和寻找适应自己环境的教师。从民办学校出现之始到当今都存在,但初期会比较多一些,因为在上个世纪90年代期间公办学校的硬软件环境都较差的情况下,一些大型高端民办学校以其现代的环境和优厚的待遇吸引了这样一批教师,而且多是很优秀的教师。

这类教师并不稳定，许多都"留下后路"，甚至有些是以病假等手段暂时出走，并"看天行事"，当后期公办待遇提升了，或"后方吃紧"的时候，他们便开始"回流"。同时，也有把民办学校当作"跳板"，走进了更为心仪的公办学校的。

当然，此类教师中也不乏意志坚定者，认定了民办教育的先进机制，脱离公办学校管理让人倍感不舒服的捆绑，一直坚持着走自己喜欢的民办之路。

第三是农村进城型：原本在农村学校，因为优秀而具备竞聘条件，但想进城里公办学校道路难行。于是，选取了进城里条件优越的民校之路。

这类教师一般都属于能吃苦、善学习、适应性强的人。在民办学校中很受办学者欢迎，并在许多民校中成为教师队伍的中坚，且具有很好的稳定性。

第四是自然归属型：近年来，因师范毕业生远远多于公办学校师资需求，所以，大量的毕业生只能走进民办学校求职，包括博士与硕士研究生毕业后也不得不退而求其次"下嫁"到民办大学工作。应该肯定地说，这一类型的新教师出现在民办学校中，而且逐渐构成了队伍中的有生力量，逐渐使民办学校走向师资稳定和组织建设的规范化。

我曾调研过当前民办学校的人力资源结构情况：从一般统计可见，凡是生存与发展态势较好的学校，教师队伍主体几乎都在向第四种类型发展，而第三种类型的教师虽处于骨干位置，但数量不占多数。至于第二种形态下的教师，或许已是稀缺资源，而"发挥余热"型，只在乡镇学校能见到一些。

根据上面的民办教师生存态分析，我认为应该提到如下三个不可回避的问题：

首先是教师的后顾之忧问题。这是由于面对公办教师"铁营盘"、

"铁饭碗"带来的差异心态，是基于人们求稳意识的客观存在。至于目前因主管部门的规范管理，用"三金保险"来解除终端养老与生病问题，已经给老师们了却了一大半后顾问题。但"不患寡而患不均"的问题，以及民办学校自身的生存危机问题仍然会让老师们很纠结。

其次是打工意识问题。引发这样问题的缘由有两个：一个是老师本身在公办体系中留有退路，或属于已经"假退"，有保障的情况；另一种情况是因为学校管理的不规范，发展不健康，让老师们对自己工作的学校感到前途堪忧。于是，就有了"时刻准备着"的打工心态。

再次是劳动强度过大问题。也是基于两个客观事实：一是民办学校多是寄宿制，管理学生的时间过长，教育服务的要求过高，老师们的日常工作时间必然超过公办学校很多。在一些双周连续授课制的学校，更是无法享有五天工作制的科学休息方式，属于长期疲劳工作态。另一个情况是办学者为了追求经营效益，看似给教师的工资很高，但实际上按课时付酬的机制使老师的工作量远远超出常规负荷。

这一问题很严重，长久得不到解决不仅会使民办教师出现职业倦怠，更严重的"内伤"是使整个队伍的稳定性出问题。

不过，我始终认为，在科学发展观下，我们的教育结构中必定要有民办教育的一席之地。而目前存在的所有问题，包括民办教师的社会地位、工作保障、生存状态等问题，都会在发展中用制度建设的手段加以解决。

在团队建设中别误读执行力

许多企业培训中都会大讲特讲执行力,这源于企业向管理要效益,也有借鉴军事管理的成分。但比较下来,教育管理并不同于企业与军事管理,教育管理不是简单管理,而是高级管理。因为教育管理的对象主体是发展中的人,不仅包括学生,也包括老师,甚至还包括家长。

目前,许多专业的企业管理培训机构也走进了学校管理之中,把在企业管理中的成功机制复制到学校管理之中。而且,从客观来看,这对学校管理,尤其是对常规管理的许多思想与行为是有利和有效的,是把积极的管理元素进行了行业间的横向移植。

但是,不可否认的是,教育有自己的行业特点,全盘复制可能会出现种种问题。至少在管理文化上会有简单复制的误读问题。

分析下来,有三大问题可议:

执行力不是简单的"听话"问题

"知识分子不好管,不听话。"这曾是一位成功办过工厂的老板,在转行办民办学校后的感慨。这句话是对的。凡是经历过工厂、企业或商业服务行业之后的人,再走进学校管理,大都会有如此感受。而这一结论语在今天而言就可能会演绎为执行力问题了，这是误读。

至少因为教师的学识会对校长的指令或计划有自己的辨识，如果校长的指令本身有问题，教师们会思考也会有所反应。有时不同方式的反应或反弹会让制订计划者不愉快，于是便有了"不听话"之说。不记得是哪位培训师在企业培训中说过，"有的人就干肩膀头以上的活，有的人只干肩膀头以下的活"。这话很雷，在企业中或许行得通，但在学校的知识分子中说这话便会让老师们很纠结。甚至遭遇强烈的抵抗，并且会用"尊重"的名义来和你说事。

所以，在学校管理中需要注意的是，制订计划和下发指令时需要比企业更多一些民主、调研，也需要更多一些方法，这样才可以规避上下级之间那种简单的"官气压人"的问题，也不会由此自讨烦恼地去感受"不听话"带来的管理困惑，或把问题归结为老师缺乏执行力。

执行中也该有活力和创新力

学校的常规管理以及课堂教学，都不能被事前计划约束得一成不变，因为教育管理是一个极具活力和变数的系统工程，这是行业的特点。

然而，在过度强调或简单理解了执行力的思维下，很可能会让组织肌体呈现出"不思想"、"没活力"的态势。也就是说，自上而下地发指令，自下而上地无思考执行。看是"说到做到"、"不打折扣"，但却让组织的活力无法体现。尤其是遇到事前没有想到的问题时，若老师们只是一味地按计划行事，不会"因变而变"地积极思考与灵活创新，这样下来，看是坚持了执行力，实质上是让组织成员集体活力沦陷。

执行力不仅是上级对下级说的话

事实上,作为发号施令的上级,常常会用执行力来强调下级的服从意识。殊不知,执行力首先应该是从制定政策或计划者自身做起。例如,有的校长在管理中非常善于布置工作,但是,在执行中的检查落实却很少。时间久了,习以为常了,下级知道上级的毛病后,自然执行力就会打折,而后校长再说下级执行力问题时,自身也心虚。这就是对自己缺乏执行力的问题,也属于没有做到"严于律己"。

蔡林森先生在洋思推动"先学后教、当堂训练"的改革时,也曾阻力重重,但他没有把责任推到下级的执行力不佳上,而是用自身的执着、坚持,以及亲力亲为的强势把事情做好了。所以,有一次我为蔡先生主持讲座后说:"蔡林森就是执行力。"因为,他是做到了执行力先从自身做起。

执行力在企业中会放大其作用,这是企业运行机制决定的。执行力在学校管理与运行中也当如此,但不同的是,这一概念需要比在企业管理中理解得更深刻一些,不可简单,也不可误读。

什么样的老师在制造"不快乐课堂"

学生喜欢轻松愉快的课堂，愉快的课堂保护了学生的学习兴趣，学习兴趣是保证一个人终生具有学习生命的基本元素。

但是，在以任务为牵引力下，在强大的应试教育思想下，在如山似海的作业与考试下，我们的课堂中缺失的恰好就是快乐学习的健康动力源。

于是，我们必须反视一下那些令学生"不快乐的课堂"中的老师是个啥样子？

镜头一：在缺少教育文化背景的职业平台上，我们的老师只是把学生当作装载知识的容器，而不去研究和注重学生的学习主体地位，抱残守缺，谨以传授。这样的教师其课堂态度和表现便是一个十足的"传道士"。

镜头二：教师不去精心备课，而把教学成绩的获得放在给学生布置大量不堪重负的作业上，并美其名曰"精讲多练"，可实际上因为没有精心备课便无法达到精讲的境界，或者说在骨子里就一个"懒"字在作怪。如果说得好听一些，此谓"漫天撒网"，属于"渔翁"。

镜头三：从来就没有恩赐给学生笑脸，总是用严厉的面孔和高压的态度强迫学生，居庙堂之高，行管教之事，以至于学生见到这样的老师就像老鼠见了猫一样，或者敬而远之。而且，谈起时还自诩为"严师"。

镜头四：讲课时目中无人，目光发散，或眺望天花板，不和学生做感情交流，很少在课堂中设计与学生互动的环节。即便是提问时也会经常叫不出学生的名字，指指点点。这是把课堂教学当作任务来完成，缺少教育的人文情感所致。此类教师已把崇高的职业品质丢失，退落成为"打工者"。

镜头五：面对成绩好的学生有笑脸并反复提问，似乎只有学习好的学生才是学生，而对学习差的学生不理不睬，课堂中从不提问和过问；或者，在一些差生表现不好时只是批评，甚至挖苦讽刺，从来没有鼓励和帮助。或许，这是因为成绩好的学生能给老师长脸，学习差的学生只能给老师添麻烦。这样的老师便是"偏心者"。

镜头六：说话尖酸，出口伤人，不懂赏识教育的运用，不会使用艺术性的批评教育手法，甚至对调皮学生使用语言暴力或体罚等不当的惩戒手段。这属于既缺少教育方法，更缺少教育情怀的老师，被学生称之为"恶人"。

镜头七：面孔呆滞，语言啰唆，课堂平平，没有重点，没有教学激情，课堂讲述也不清晰，以至于学生听课时索然无味，昏昏欲睡。这是典型的"催眠师"。

镜头八：下课夹起教案就匆匆跑掉，不喜欢在课下和学生交流，不去讨论课堂中学生是否听懂了学会了。这样的老师或许是教师的职业操守方面出问题了，或许是根本就不爱教育，不爱学生。这是"跑跑老师"。

镜头九：如果学生们在考试后成绩不理想，老师说：我都讲过了，是你们太笨了！于是，把责任都推到了学生身上，只说学生不努力，不讲自己没教好。此谓"不负责任者"。

镜头十：备课不备学生，讲课不看大纲，专讲偏题怪题，时不时还炫耀自己，给学生制造学习压力和畏难情绪，让多数学生跟不上课堂教学而掉队。这是"恐惧型老师"。

只愿以上反映的种种面孔不是我们。

老师的眼睛

眼睛是心灵的窗口。

课堂上,师生之间就是通过此窗与彼窗的透视,才心有灵犀。

学生的眼睛大多会聚焦在老师的眼睛上,去跟随、捕捉、琢磨。可老师只有一双眼睛,对视着全班的学生,于是,便有了许多的类型……

散光型:谁也看不懂老师在看着谁,却谁都觉得老师在看着大家。大家在哪里?在老师眼前就是一片。于是,看久了,老师的眼睛就散光了。这好像领导在作报告,不好看着谁,又不好不看着谁,于是就看着大家。而大家并不是某个人和某些人,所以,会看大家的眼睛很有功夫,需要修炼。

远视型:这类眼光会越过学生头顶,甚至是望着天棚。目中无人,似有傲气,我是老师我看谁!也有解释,说在思索中,说不被干扰。对比前者,只能谓之缺乏历练,书卷气太多,很像学究,很像大学那些钻进书本走不出来的教授,只关注知识,孤家寡人,不知身在人群中,甚至是不食人间烟火。

游离型:从不专注于任何一个学生,当学生刚要用此窗对着彼窗敞开时,老师的眼光却一扫而过,像探照灯一样。如此,弄得学生心绪紊乱,心浮气躁,不得要领。这依然如上,课堂中缺失了与学生的心灵沟通,课堂中也由此缺乏了生命滋长的情感。

偏光性：目光也有专注，但只专注于若干个自己喜欢的学生，更多的学生被遗忘在了老师的视野之外。此为偏爱、偏心、偏光。时间久了，偏光严重了，会让教师的课堂公平出问题，会无意有意地制造着"不亲其师"的"差生"，也会让课堂情感的方向标指偏。

优秀的教师是有眼光的，是目光如炬，可以照亮全体学生的心灵，可以点燃学生的学习激情。而且，优秀的教师眼睛会说话，会说出许多用语言无法替代的心里话。

优秀的教师会"眉目传情"，会用眼睛把师生在学习场中的能量释放出来，会把鼓励、信任、欣赏、激励等情感，在目光对视中毫不吝啬地送抵学生的心灵，并由此激荡出课堂中最美的生命情怀。

教师的眼光不啻阳光。当阳光普照时，就像春天一样，被生命的绿叶所吸收，在光合作用下，一株株小苗才会呈现出生机勃勃的长势。

对教师而言，学校是什么

因为人的价值观是不同的，所以，此题看起来是个简单问题，可实际上，对于修养不同认识不同层次不同的教师来说，这一问题的答案也不同。

分析下来，有三种情况：一是，把学校当作干活的地方；二是，把学校当作生活的地方；三是，把学校当作快活的地方。

首先分析学校就是教师干活的地方。这个说法似乎很朴素，是出于对职业工作的简单叙述。但是，持有如此说法的问题就是认识的平台很低，缺乏思想高度。所以，在学校中这样一部分教师的行为准则就难以用真正意义上的教师来认定，因为他们是把学校当作工厂，把教育教学当作做工了，从而就会无视或小视学生那鲜活的生命与成长的意义所在。当然，有着如此认识的老师也未必教不好课，未必就属于混日子的老师，但即便是能把课教得很好，可思想上缺少对教育的一份热爱，从行为上就可能缺少对学生的一种关爱。这是问题所在。

一般而言，有这样工作观的教师是缺乏强烈进取心的，常常是那种"平庸即安"的人，看起来与人与世都无争，享受着简单，用"没累着"来安慰和解释自己，但内心未必会轻松。因为他们没有在工作中寻找到丰富的精神滋养和精神享受。

其次是学校是生活的地方。这是很现代的说法，与西方企业文化中那种"工作向左，生活向右"的论说相悖。

我是认同这一说法的，或许我属于"工作狂"一族，也或许这就是东方文化。特别是在中国这样一个历史悠久、积淀厚重的国度中，我们很难把家和工作单位割裂开来，对立划分。我们评定劳模时曾有"以校为家"的褒词，当今也有以人为本的管理理念，细细想去，都在解释一种文化，我把它叫作"家文化"。而"家文化"正是属于东方管理中的一种价值取向，但并非独属于我国，日本的松下幸之助做得最好。有一次，人们问松下幸之助，"松下集团都生产什么？"他的回答是："我们不仅生产松下电器，还生产松下人！"事实上，这是在说明松下集团的团队是一个"家"，而在这个大家庭中，我们是无法说大家是在干活还是在生活！

尤其是学校，在生命气息充盈的地方，在人与人聚集的地方，不是一种生活，还能是什么？所以，在认识层次提升后，我们认为学校就是生活的地方。于是，持有这样工作价值观的人，就会享受工作、享受生活。

最后谈学校是快活的地方。这话听起来有些俗，好像把学校与一些娱乐场所相提并论，其实不然，这是从情感归属的高度来再次提升认识。

生活是回避不了烦恼的，但优质的生活一定是充满快乐的。至少对一些"热恋"教育这个行当的人，会在工作中处处体验这样的感受。被周总理誉为"国宝"的教育专家霍懋征一生眷恋着讲台，当代教育专家魏书生最快乐的地方就是他的课堂，还有多少平凡的班主任不也是在用一生的时间守护属于自己的三尺讲台，在享受教育吗？

所以，真正的教师，课堂就是他们的乐园，快活就在学校里。这是教师职业最高境界的一种解说，也是人生意义的一种诠释。

学点管理上级的本领

通常的管理都有些居高临下的意味，顶多会谈到管理好平级关系。从广义上说，管理的幅面应该是360度的，包括管理自己和管理他人，所以，管理他人也涵盖管理好上级。

管理下级在许多情况下可以表现出简单性。尤其是在军队之类的以服从为天职的环境里，一个"命令如山倒"就万事大吉，至少在表面的行动上看是体现了管理的效力。这就是在制度约束下的层级管理的表象，是相对科学管理和人文管理的低级管理模式。

至于管理平级的关系问题就相对复杂多了，因为此类管理是不具备制度约束的。所以，在管理平级关系的时候就能看出一个人的沟通、协调和涵养等诸多素质，也会从这种管理中甄别出作为管理者的发展潜力。

然而，能否管理好自己的上级却是个艺术。

首先从反面去讲，有人认为管理上级是为了利用好上级的权力资源，达成自己私欲的满足，为自己所用。而在如此的思想前提下，那些溜须拍马、阿谀奉承、请客送礼等迎合上级的行为，便是通常意义下的管理上级和利用上级的手段。如果所遇上级就喜好别人的忽悠，或贪得无厌，近小人，私心重，那么就必然"被管理"了。

其次从正面去讲，管理好上级是一种能力加品德的事。尤其是在上级领导的决策出现问题时，我们不能看着自己的上级走向"陷阱"，而是要力阻在前，讲清问题之所在，说服上级。但如何说服上级却又是一个高级管理艺术的问题，简单的对立、抗拒，不管是硬抵制还是软抵制都不是最佳方法。应该是在给上级面子的前提下，用一些委婉和尊重，用真诚的态度和通过事例来说服，这样的结果，或许一时上级不能接受，但最终那些有智慧的上级领导还是会接纳的。

管理好上级的一个前提是了解上级。包括从性格到做事风格、方式，都要清楚，因为，往往我们在坚持己见的方式上，会因为没有运用好沟通方式而遭遇领导的拒绝。这样，尽管我们的出发点是好的，却常常会被领导误解，事与愿违，甚至遗患无穷。

管理好上级要有宽容上级的心态。这不是一件容易做到的事，我们通常说宽容下级是容易做到的，因为上级领导对下级的要求和标准有一种自然降阶。反过来，下级看待上级就不然，一般的思维是上级的一切都要比我们强，要不他怎么能当领导呢？可实际上，人无完人，当了领导的人也不是神仙，也不是没有缺点的；而且，爬得越高，缺点就暴露得越多。所以，管理好上级不是总去挑上级的缺点，相反，却是应该把上级领导当人看，多一些包容心，用一些谅解的态度来处理相互关系和解决冲突问题，这样才是健康的管理上级之前提。

另一种情况是，有时有人会在上级作出错误决策的时候，不仅不提反对意见，甚至会唯唯诺诺地迎合，明知前面是陷阱，却笑看领导走进去。这是人品问题了，或许此类人物想的就是要"踏着倒下去的上级的躯体前进"，是为卑劣！

再一个问题是，睿智和有胸怀的领导要敢于和善于接受部下的管理，要认同自己也是一个被管理者，而且还要修炼到有主动接受下级管理的思想意识，这样方能避免许多在管理过程中出现的种种问题和错误。

总之，在健康的思想下，管理好上级是也是管理好自己。因为我们用真心、真诚做事，换来的应该是上级领导的认同和赏识，这样也会锻炼自己的能力，同时也会因此获得应有的提升的机会。

人生三级跳

尽管每个人自我成长的基础、目标或所从事的职业有不同，但是，从发展的过程来看，我们不妨概括为三个发展层级。第一个层级是超越你所处的工作平台；第二个层级是超越你所处平台中的其他人；第三个层级是超越自我。这就是所谓的人生三级跳。

超越平台

超越平台很平凡，但又不平凡。平凡是因为众多在职场中有所追求的人，都曾有和必须有这样一次历程，就如三级跳必须经历助跑获得速度后，再借力实现第一次跨越。体育常识还告诉我们，第一跳是不能跳得太高的。至于不平凡是因为跨出这一步需要的不仅是惯性，而且是力量和胆量的积累，以及对"发力踏跳"时间的把握。

具体说，比如做教师、医生、公司职员或技术工人等，这些职业确定的就是个工作平台，如果你做的只算是合格，这就是没有实现超越平台，而超越平台是指在这一职业下做到了优秀。

做到优秀也不易。实际上，许多人因人生观、基本素质、外部因素等影响，一生走下来，只在合格的框框内"度年如日"，一世平庸地打发着时间。

超越他人

这个他人是指与你关联的类型群体,包括年龄,包括更广阔的同类职业者。这是基于对自身所在平台放大后的挑战,是在优秀前提下去追求卓越的说法。若用三级跳远去解释,就如第一次跨越后再次寻找暂时落地的支点,然后,二度发力继续冲向更远的过程。

超越他人不仅需要的是基本素质,也不仅是需要"爆发力",还需要耐力、韧性、悟性等,也包括情商概念中所说的自我激励、目标构建。实际上就是从优秀教师、优秀医生,走到了一方名师、名医的境地,成为业内的佼佼者。

超越自我

三级跳的第三跳很关键,难度也最大,需要跳得更高一些,超乎于自己的想象。这是人生竞技的制高点,是没有余地可言的一次绝地冲击。

许多优秀的人才面对这样的人生挑战时,最大的赢家却不在于能量大小,而在于绝好的心境,在于自信,在于否定自我和重塑自我。

否定自我不是认为之前的所有基础不重要,而是"不破不立"的哲学思维,是"刷新",是"归零",是轻装上阵。这样才能够重新在一个新高度上冲击自我构建的"阻挡层",一跃而上,走向了一个自己都没有想到的新高度。

寓言两则

"百里马"与"千里马"

一马,谓之"千里马",可一直在马厩中,虽曾奋蹄大奔过,却只在马厩周围转些圈圈。或有围观的百姓级别的人给点掌声,但不多。而每日间最多的动作就是翘首张望,看看有没有一个叫"伯乐"的人会来。

一日,终于闻听伯乐来了。别的马纷纷跑过去接近伯乐先生,好一展身姿,让伯乐看看自己的本领。可"千里马"暗思,我是有身份的马,不能掉了身价,必须等伯乐过来找我。

可伯乐没来,于是,"千里马"就成了愤青,说这个"伯乐"没水平。

之后再没有遇见"伯乐"。斗转星移,时光荏苒,该马从"小骥踌躇"步入了"老骥伏枥"的岁月。于是,老千里马在翘首的同时也只能发发牢骚,说:江河日下,人心不古。还说:如今"伯乐"何其少!说后,俯首一声呜呼!

呜呼也罢,哀哉也罢,老马老了……

又一马,自诩"百里马"。不是谦虚,是实话,是属于掉到马群里就找不着的那种马。

"百里马"自知不是"千里马",当伯乐先生来遴选千里马时,也就跟在后面凑个热闹,看看而已。可谁想那天伯乐先生被地方官在酒桌上弄得晕晕乎乎的,醉眼蒙眬中,情绪极佳,就见他随手一指"百里马",问:"你是千里马吗?"刹那间,"百里马"有些受宠若惊,但又一想,这是个以假乱真的机会,于是,就一挺马头说:"本马是也!"赶巧那天伯乐酒性已乱,就没有当场"是骡子是马拉出来遛遛"。

这样,"百里马"就入选成功。可它心虚呀,赶明儿个一上阵露馅了咋办?于是,他赶快拜师,恶补了一番功力。还想着机会难得,"不试白不试,试了也白试,白试谁不试"。

没有后顾之忧,没有盛名之下,"百里马"就无所顾虑了。后来上场时,竟然连自己都不知道自己是啥马了,兴奋之下演出了一场"人来疯",出人意料,也出马意料,它愣是跑出了一个"千里马"的成绩。

考后,"百里马"晕了,累得。

远在马厩的"千里马"听说后也晕了,气得。

羚羊的感谢

年终了,按惯例,羚羊部落要召开大会,总结教训交流经验。

说到的话题有感谢。多数羚羊说感谢老天爷让今年风调雨顺,感谢大自然赐予我们丰盛的水草,让我们每天都有吃有喝。

可一老羚羊却说:我要感谢狮子。语毕满座哗然,一片不解。纷纷说,狮子是我们的天敌,与我们羚羊不共戴天,恨不得食其肉、饮其血。

老羚羊又说:因为有狮子的存在,让我们学会了奔跑,并因此成了短跑冠军。而且,因为奔跑,我们的体型变得如此健美、苗条,精神也如此旺盛。如果没有了狮子,我们就会蜕变为绵羊,被人圈围,失去自由,任人宰割。

于是，众羚羊们醒悟，说老羚羊很哲学。

还说，大会一致通过，给狮子们发一条短信，表达感谢。

接到短信，狮子们也开会研究对策。结论是，提速！

最后，草原部落短跑速度的纪录再次被刷新。

第三篇
教育服务

不知"教育是服务"这一说法始于何时,但可以肯定,教育服务的概念一定是出于民办教育。因为,在民办教育之前,公办教育的宏观面孔是社会责任,微观表现或为公益配给。没有谁去讲,教育其实是一种社会服务。

其实,教育一直以来就是服务,是服务于国家和社会,是服务于纳税人的一项公益事业。但具体到服务于家长,服务于学生,服务于学生终身需求的说法,还是由民办教育在市场机制下最先表述出来的。

于是,教育的本真面孔越发清晰,教育当以服务为宗旨。

不过,教育服务是有内涵的,不只是为学生教出来敲开高考大门的分数,还要从教育的目标出发,送给学生一份终生发展的优秀品质,这是不同于简单的商业化服务的关键之处。

所以,大凡去谈教育服务,最怕的是肤浅,最怕是把生活照顾看成是教育服务的全部,这样的认识和行为,恰恰是早期民办教育的理念误区,也恰恰是导致民办学校难以走向远方的壁障。

民办教育发展的
关键是教育服务

用好机制、坚持教育服务大方向,这是民办学校赖以生存与发展的根本。

无论如何,民办学校应当认同的是政府给予的机制和自主发展空间,这是能够促进学校健康发展的前提。

有人在民办教育发展遭遇困难时曾自嘲,说我们是"客家人",与公办学校相比我们处于不公平的地位。我认为事情不应该这样简单和片面地论述,我们不妨反视一下就会清楚,因为公办学校的管理者也在感叹:我们的机制要像民办学校那样就好了,那样,许多事情就都可以放开手脚、放开思想去做了。

那么,民办学校的灵活机制主要表现在哪里呢?

首先是用人机制和薪酬机制,其次是管理机制和课程机制,这些都是能够在对比之下看出优势所在的。毋庸置疑的是,只要我们民办学校的管理者能够牢牢地把握住这些,并且能够具有创新意识地运用好这些机制,那么民办学校自身发展的许多问题都会在相当程度上获得较好的解决。

教育服务是具有市场意识的一种阐述。只要你向家长取费就存在着供需关系,所以,民办学校就必须研究社会的教育需求。

问题的关键和认识的出发点是,公办学校是一种社会公益性的资源提供，而民办学校是依赖收取学费来生存的机制，这是截然不同的差异。家长缘何会多拿钱让孩子上民办学校？理由有哪些？简单分析就两种：

一是政策问题，许多非户口所在地的流动人员子女因属地就学政策导致无法入学，所以，只有选择民办学校。

二是需求问题，包括家长对公办学校大班额的不认同，包括对寄宿的需求，也包括对特色教育的需求等，但其中最重要的可能还是对教育服务质量的期求会更多一些。这些问题也就导致了家长对民办学校的选择。

基于上述，我们应该清楚的是教育服务是一种什么样的服务？

首先必须认识到的就是要以社会和家长的需求为出发点，这是关键所在。如，社会发展需要创新型、学习型人才，所以，我们就必须要关注学生的学习品质问题，而不能简单地只关注学习成绩。再如，家长希望孩子不仅学习成绩要好，更希望孩子在做人以及领袖品质方面也得到锻炼，所以，我们的教育就应该关注到孩子的德育和心理发展的问题。还有许多家长的关注点在孩子的兴趣发展上，那么，我们的教育服务也必须在这一点上下功夫。

除此，还有教育服务的品质问题。我们认为，教育服务不同于一般意义的商业服务，因为教育服务的重心在教育，所以，背离教育规律的简单商业行为不属于教育服务的内涵。或者说这是一个教育科学的问题。

为此，我们在办学实践中，在经历了民办学校不可回避的种种问题后，依然认定的大方向是，要想生存和发展，只有脚踏实地地把教育服务进行到底，用教育行为掌控学校前行的方向，而不是或不仅是等靠政策，也不能依赖简单的市场操作行为。因为，决定民办学校生死存亡的不是别人，而是我们自己。

补缺和补差

又是一位在县城的朋友询问我办学的事,说发现他们那里的孩子上小学很难,学位紧张。我立刻意识到这是一种"补缺"的想法,是有问题的办学动因。

为什么说这里有问题?就是因为没用发展的眼光看发展。当下确实是公办教育的学位紧张,包括现有的私立学校也没有很好地解决这一问题,可这不等于将来会一直这样下去。特别是从国家教育发展的国策来看,目前正在尽其力量大力发展公办教育,正在逐步实现教育投入占国家GDP 4%的目标。所以,学位不足的现状只是现状,不是三年后,不是五年后。这点正是需要我们办学者警惕的关键之所在。

那么,不要"补缺"要什么?我以为,要立足于"补差"。补现有学校教育机制和教育品质的不足,也包括教育服务的差距和办学特色的不足。当然,从客观的角度谈,我们也可以从"补缺"切入,向着"补差"的既定办学目标发展。

"补差"对于农村学校就是一个实际问题。近年来,从清华、北大等一流学府得到一个信息,现今的纯农村学生考进这些学校的比例越来越低了。为何如此,诸多原因中一个不容忽视的问题就是信息时代信息不对称的结果,农村学生的知识面肯定比城市学生的知识面窄一些,尽管努力程度绝不比城市学生差,但面对越来越丰富和灵活的高考题,这些农村学生和城市学生的城乡差距就凸显出来了。所以，在分数决定一切的高考中，农村学生无法走向高分一族，无法走进一流的高等学府。

于是，我们便有了"补差"的理由。

"补差"具体补什么？我在开封杞县外国语小学看到了一个可喜的环境，尽管校舍和教室都和一般的农村民办学校相同，但每间教室里的多媒体设施都是一流的，班班都有网络，班班都有电脑和投影仪。这样下来，如果教师善于利用现代化教学设施，就会通过网络的窗口，给学生一个与城里一样的纷繁世界，就会让农村学生与城市同步，在学习过程中摄取到大量和丰富的社会知识。我肯定了这一做法，说这属于"好钢用到了刀刃上"。

后来在继续沟通中，这位想办学校的朋友也看到和谈到了这个问题。她举例说，现在县城里公办学校学额大，只抓教学，很少开展其他活动，一门心思抓成绩，忽视了孩子们的综合素质发展。她还说，包括现有的办得比较好的私立学校也是这样做，都不去丰富学校的综合课程，都不懂如何为学生终生素质发展着想。所以，这就是我们看到的差距，也是我们办学发展和教育服务的着力点。

当然，"补差"不仅于此，"补差"是一种办学文化，是引领，是高度，至少也是错位发展的作为。这样的思考会让我们不断创新，会让我们把教育服务越做越好。

教育服务当面向每一个学生

这个问题,陶西平先生曾举过一个早年的例子:那是在绝对公有制的年代,服务业高悬的口号都是毛泽东主席提出的"为人民服务"几个大字。但实际上当年的服务业对顾客的态度是极其糟糕的,每当你要用"为人民服务"这句话指责服务员的恶劣态度时,他们一般都会抛出一句话:"我是为人民服务的,但不是为你个人服务的!"言外之意,你就是个人,不是"人民"。

现代企业的服务理念指出:必须坚持"面向每一位顾客服务"的思想,而不是说"面向全体顾客服务",前者很具体,掷地有声,后者就显得有些抽象,有些漂浮感。所以,作为提供优质服务的企业需要明晰,"面向全体"是务虚,"面向每一个"才是务实。

普拉哈拉德在阐述核心竞争力时有一个"N=1"的公式,其中,表述了服务就是每一个被服务对象都是百分百。反之,如果我们强调的是"全体"概念,则在这一概念下就可以把一个人当作个体忽视。

教育服务也是如此。我们常说教育要面向全体学生,这话就是概念问题,就是没有深刻理解教育服务的终极目标,就是没有讲实话、办实事。比如在我们的班级教学中,教师就是要关注每一个学生,不能"目光发散",也不能"学而优则教","学而差则丢"。这是教育服务的道德所在,应该更重于商业服务,因为教育的服务面对的是具有生命的学生,是错了之后无法逆补的一项生命工程！

  如今学校也是在市场竞争中生存和发展的，所以，也存在着核心竞争力的问题。那么，我们就需要去认真地研究一个问题：什么才是学校的"最核心竞争力"？我的观点是，不是学校的办学特色，也不是学校的师资水平和管理水平，更不是学校的硬件条件，而是学校"坚持面向每一个学生"的教育服务态度和行为文化。

  "面向每一个学生"是学校的办学品质，也是一种闪烁人性光辉的教育思想，更是我们从事教育事业的职业道德，所以，我认为优秀的学校必须坚持和坚守这一种教育态度，这是教育服务之所以被誉为高尚服务的关键。

  我感慨普拉哈拉德给我们的"$N=1$"的公式，我也由此吁请老师们，"不要丢掉任何一名学生"，因为只要有一名学生被我们的教育耽误了，学校就要为此背负道德的罪名。与此同时，我还演绎了这个公式，并以$1=N$来表述，说在被社会高度关注和高标准要求的民办学校中，一个老师就代表大家，就是$1=N$的问题。所以，我们每天都要警醒，用心做事，爱生如子，责任如天，不负家长众望。否则，一个人的失误就是一所学校的问题。

权力与服务

社会的存在便是基于服务，而且是相互服务的一种体系。服务很广义。

但握有权力之后的服务很难。

政府职能部门具有权力，所以，尽管说是建设服务型政府，但在管理的同时谈服务很难把握，至少在具体执行者以及被管理者的感受上来讲是这样。所以，我国从新中国成立以来，就一直高悬毛泽东主席对政府工作人员的要求——为人民服务。如今依然如此，并具体为"管理就是服务"。

教育也是服务。在高处看和从教育哲学上讲很对，但具化在一些学校和一些教师的行为上来看，实际情况未必是这样。

公办学校，尤其的那些名校，属于稀缺资源，属于占据权力的一方。所以，只能很概念地说，这些学校的组织目标是服务社会。但落到个体的家长或学生身上，出现的种种问题很可能与服务相悖。例如，一些名校、名班座位拥挤，班主任手握安排调整座位的权力。于是，一些众所周知的问题就会大大损毁了学校的形象，包括调座位收红包，包括假日强迫到老师家有偿补课，包括谁想要孩子得到特殊关照，谁就得给老师用各种方式打理好关系等。这固然有社会风气问题，但本质上更多的因素是权力，权力滋生腐败。

如此，握着权力的教育何谈服务？

民办学校一般不是这样。因为收费，或因为不是名校，因为家长握着选择权，所以，在民办学校谈教育服务会很自然，很轻松，从办学者以及校长，包括老师都会接受、认同和积极实践教育服务的理念。这样的对比之下，我们会看到的是，民办教育领域的教育服务面孔很清晰。

毋庸置疑，家长对"教育是服务"的理念很认同。所以，民办学校若是把握住这一生存规则，把宏观的教育服务意识和思想落实到微观的教育教学行为中，便会让学校的面孔很亲和，也会由此得到教育市场的接纳。或者说，这是属于民办学校创业与发展的立足地。

但是，需要警醒的是，当民办学校在自身努力下，在取得了社会和家长的高度认同后，或许问题也在转变中。因为，如果学校办得好了，学位紧张了，学校占有了选择学生的主动权后，家长就要"低头进门"了。于是，可能原本赖以生存的教育服务意识便会由此淡化，甚至有些老师的认识也会出现公办名校教师那样的问题。

所以，近年来我校被社会高度认同之后，特别是新生入学需要提前一年排队的情况下，我在"高温"下感到了一丝"寒冷"，我用辩证思维想到一句话：办学成功之时，也是危机到来之日！

智者因为居高而望远，勇者不因权力而忘形。我们学校能否走向永远，关键是不丢本色，坚守教育服务的理念与行为，挺起腰杆办学，弯下腰来做事，从微观到宏观，岁月在更替，面孔却依然。

教育服务的八条真律

宏观地谈，服务可分为两大类：一是社会性服务；二是商业性服务。

教育服务当属前者，这是基于社会责任和社会公益去谈服务的。否则，教育的真义便会狭隘、缺失。而与之不同的是商业服务，其特点是基于利益而谈服务。

对教育服务的一种浅显或错误的认识是把家长和学生当作"顾客"。这是对服务对象主体的一种曲解，是必须澄清的一个关键性概念。而正确的教育服务观是指，教育服务的直接对象应该是社会。

于是，对比商业服务而言，教育服务必须确立属于自己的立场。

我总结教育服务有"八条真律"：

1. 出于社会责任，教育服务必须为学生的终生发展负责

不急功近利，拒绝浮躁，着眼于学生的未来发展性品质，不做"分数加工厂"，不因过度应试摧毁学生的"学习生命"，让每一个学生在学习过程中都处于"健康态"，这是学校教育的道德，更是学校所承载的社会责任和使命。因为，今天的学生就是社会的未来。

2. 诠释教育真谛，以爱为教育服务的起点和归宿

没有爱就没有教育，没有爱就谈不上教育服务，教育服务的深刻性和高尚性就在于此。这是我们在理解和构建教育服务的理念与行为中的

一条底线，是与商业服务最本质的差异之处。并且，赏识是爱，批评也是爱，宽容是爱，严格也是爱，都是为了学生的健康成长，为了学生将来的成才。所以，教育服务的过程就是从爱出发，然后归结于爱。

3. 把握行为特点，摒弃商业化的外包装

陶行知一语说透了教育的行为特点：千教万教教人求真。所以，对坚持教育服务立场的学校而言，教育就是要办真事，就是不能去搞"包装行为"。特别是有些行走在市场机制下的民办学校，为了招揽生源，做出了一些过度宣传，夸大其词，丢失了教育服务的根基，走进了商业化运行的轨道。最终，这样的"外包装"必然会败露，这样学校的所作所为也背离了教育服务的本质。

4. 坚持教育本质，不做简单意义上的"高级保姆"

这类情况多出自于一些所谓的"贵族学校"。因为取费较高，于是就视学生为宝贝，视家长为衣食父母。并以豪华的生活环境和物质关怀来取悦学生，以过分的类似商业服务的"无微不至"而丢失教育的责任。于是，原本在家中便是"小太阳"的孩子们，到了这里继续过着"小皇帝、小公主"的日子，老师也"弯着腰"当起了"高级保姆"。这样做法显然不是教育服务，因为教育服务必须坚持通过教育使学生学会生活，学会做人，而不是把学生当作简单的"服务对象"，当"老爷"伺候。

5. 积极援助家长，不为利益驱使而丢失原则去迎合家长

把家长当作顾客的定位是错误的，提出"让家长满意"的企业化口号也是有问题的，因为教育首先是要让"社会满意"。如果仅仅简单地从家长满意出发，就难免会去为了一些不合理要求而迎合家长，这在教育道德上也说不过，这是完全违背教育服务的做法。从实际情况来看，家长在教育方法和观点上，一般都不可能具备教师的专业性，所以，从这个角度出发，学校和教师还应该担当起援助家长，与家长一同为学生的家庭教育承担责任。而且，这样的承担才是真正意义上的教育服务。

6. 坚守教师道德，构建健康真实的师生关系

教师应该有一条道德底线，不能把教与学演变成商业行为。有些情况是，教师在正常的课内没有下功夫教学，而在课外积极为自己招收补习的学生，并很商业地收取辅导费用。也有利用职业之便，利用家长关系谋私利等做法。这些情况必须坚决杜绝，因为，这样构建起来的师生关系是会使高尚的教育服务沦陷为一般的商业服务。

7. 拓展教育活动，构建全方位教育体系

从学校的社会责任来讲，仅仅面对书本，面对教学，这是缺乏教育服务高度的行为。所以，坚持教育服务宗旨的学校，还必须本着为学生全面发展负责，积极拓展各种健康有意义的教育活动，通过这些活动来完善学校教育的体系，达到国家教育方针所指引的教育目标。否则，作为一所学校而言，只对教材负责，只看着教学的成绩是远远不够的。

8. 想家长之所想，真正地站在社会和家长的需求上提供教育服务

比如一些家长工作很忙，平时接送学生有困难，双休日带领学生学特长有困难，寒暑假无暇顾及学生的假日生活。于是，在教育服务的思想指导下，学校就应该为其考虑，包括接送服务，包括创设各种形式的兴趣班，包括组织假日学校等做法。这是学校工作的拓展，也是教育服务的延伸。

总之，教育服务在对比简单的商业服务时，我们当以拳拳之心，当以敬畏生命和对社会尽职尽责的态度，来阐述教育服务的真律，实践我们所担当的道义。

给"为人民币服务"的学校画像

迄今为止,我国的民办教育走过了20余年的风雨历程,也在各方面做了许多尝试性的改革。但是,在办学机制上仍然没有突破性的改进,仍然是以收取学费来养学运转的模式。尽管部分地方政府对义务教育民办学校也给予了"两免一补"的投入,可对于许多民办学校的实际运行而言,还是杯水车薪。所以,产业化运行的模式依然,只是在舆论中"抱着琵琶遮着面"而已。

于是,一些投资办学者的学校经营理念问题仍然存在。形象一些说,眼睛盯在钱上,脚步踏在商业化的轨道上,张口闭口都是谈经济效益,似乎办的不是学校,而是企业。这样下来,从本质上讲就不是在为人民服务,而是为人民币服务!

那么,为人民币服务的学校是什么样的面孔?

面孔一:举办者给学校下达的年度工作核心目标是经营利润,就是赚多少钱的问题。

面孔二:摆在学校各项工作首位的是招生工作,提出招生工作是学校发展的生命线,校长挂帅直接领导着一个常年奔波市场的招生办。

面孔三:在家长面前不敢站在教育的立场上坚持正确的教育观点,把家长视为顾客、上帝,迎合家长的所有需求,包括有悖于正确教育观点的要求。目的就是讨好家长,就是看重了家长的"钱包"。

面孔四：不敢严格管理学生，唯恐管得严了把学生管跑了。

面孔五：在媒体上敢于花大价钱常年做招生广告，却不想着把这些经费用在教师待遇和进修学习上，或用在改善教学条件上。

面孔六：除了正常的收取学费之外，还想着法子在学校内办超市赚钱，或在学生的伙食费上赚钱。

面孔七：不去想着怎样稳定和打造一支学习型教师队伍，不按照科学规律办事，让教师在超负荷的工作量下工作，以节约人力投入的成本，达到赚钱的目的。

面孔八：紧闭学校大门，制造神秘感，过度或虚假宣传，忽悠家长，不敢让家长走进了解学校的真面孔。

面孔九：在学生的服装上，在学校的环境建设上，在商业化服务的形象上，包括在宣传画册的精美程度上，都可以舍得花钱。但在教育教学上，人力成本上，却一味地省钱。

面孔十：见到名人就请，倾力打造名人效应。善于花钱参加各种商业化活动，以拿回来一些标榜性的各级各类的"名牌"，挂在学校大门前，向家长展示所谓的成就。

总之，没有站稳教育立场，没有把教育的公益性放在办学首位，不把教育教学作为办学的立足点，不行走在教育的轨道上，这样的民办学校必将走向歧途！

不久前，一位乡镇民办学校办学者曾诉苦说，学校只剩下食堂和超市赚钱了，其他都在亏损。我戏言回答说：那你就改行办酒店和超市吧。其实，出现这样的问题是一种必然，因为举办者办学的初衷有问题。

我们期望的民办学校，以及我们认定的可持续发展的民办学校，一定是一个坚守健康的办学方向，坚持办一所有尊严的学校和有道德的学校，坚持为社会、为国家、为人民服务，而决不能是"为人民币服务"。

民办学校的招生不是生命线

许多民办学校因为处于市场中,就提出了"招生是学校发展的生命线"的口号,这是一种错解。并且,在这样的错误轨道上,学校的发展很可能会越走距离教育越远,越来越像在做企业,最终导致出局。

例如,曾经有一所大型的高端民办学校,从建校之初便把招生工作列为学校发展的核心和首要地位。不看其他,仅招生办的人数常年都在五六十人左右。除此之外,该校还把招生办的性质定位成企业的"售前服务",同时成立了另一个相关的部门叫"家长服务中心",这又可谓是"售后服务"。似乎从市场规律来讲,在学校中这是很有些创意的做法,当然,也确实在一定程度上和一定阶段内产生了相应的效果。比如,招生中用销售手段让家长较快地接受了学校的宣传,在学生入校后,家长服务中心又会像海尔的售后服务一样,用多种形式和家长保持联系,对家长提出的种种问题以最快的速度反馈、解决。

然而,问题却出现在了学校的教育教学上。因为过度强调与强化了招生工作之后,学校在教育教学的质量上便有所忽视。甚至在提出"全员招生"的策略后,连任课教师都浮躁起来,都不时地想着那"按斤论两"的招生奖金,而没有把全部心思都用在关注教育教学这个学校的核心工作上。由此引起的教学质量不保,渐渐地被现有的家长看出了问题的严重性，所以，看出问题，看明白学校的真实面孔之后就是走人。

于是，这所学校在发展前期的几年中便出现了招1000走800的现象，从生源总数看是在增加，但这属于动态的增加，内在的问题被表象所掩盖着。后来，生源不断地流失，市场的负面积累越来越多，最终导致的是从动态增加到动态平衡，再发展下来就是从动态平衡到动态减少。

当这样一所轰轰烈烈的民办学校走到了奄奄一息的时候，留下的不仅是被毁损的民办学校形象，也有思考和教训。

我们从这样的教训中拾取的便是一种认识：民办学校的招生不是生命线！

那么，民办学校的生命线在何处？

我们在经历了生死轮回后的结论是：民办学校的生命线在教育教学的质量和教育服务的品质。特别是在当下，还应该提出的是我们的办学特色。这属于教育格局处于成熟期的必然，是在公办教育走向新一轮发展，走向普惠性格局后给民办学校留下的空间，也是教育差异化、多元化存在的发展的必由之路。

但是，不可否认的是，生源的发展决定着民办学校的生存。只不过对学校管理者而言，抓好招生工作是需要找准支点与作用点的。

我以为，这个支点必须是教育教学，是从家长和学生的需求出发，更是从社会对教育的需求出发，找到我们应该做的教育教学服务的内涵。具体说，也就是一切从学生的发展出发，一切都从学生未来成才的需求出发，把教育的关注点落在学生身上，把全面发展和素质教育落在实处。

与此同时还要寻找到最佳作用点。事实上，学校管理的作用点应该是把生源发展寄托在现有家长的口碑上。与之配套的激励方案是，凡是老家长介绍的新生源，功劳记在该班级班主任和任课教师上。这样下来，用杠杆原理撬动的是教育教学和教育服务的质量，因为各个班级的教师若是没有把班级学生的教育教学质量搞上去，家长不满意，你就无法去让家长帮你招生。所以,看起来是在构建招生机制,实质上是先把教育教学做好才能去谈招生。这样既抓住了教育的核心,也解决了学校发展的问题。

  总之,走街串巷、广告覆盖、张贴小报等简单招生行为不可取,或许这属于学校管理者在教育教学方面内功不足的问题,或许这里存在着"堤内损失堤外补"的问题,或许这也是一些外行办教育的功利之举。但终究有一个原则要清楚,教育就是教育,别把企业行为弄得很过分。而且,不谈和不用谈招生的学校才是好学校。

"请家长"勿倚强凌弱

言概之,请家长是当下让家长很烦,让学生很怕,但又是许多班主任老师由来已久的一种做法。《大河报》记者黄普磊先生以其强烈的社会责任感,从"请家长"导致学生轻生的教训来痛陈此事,并提出让老师们"换个请法"。

其实,请家长的做法本身并无可厚非,也如家访一样,属于家校之间的教育沟通,而问题在于态度和方法。

健康的出发点和态度应该是,请家长一起针对学生的问题,研究采用适当的家校和谐的教育方法,制订出一些具体的帮扶措施和计划。

不健康的出发点与态度是,把学生的问题一股脑儿地推给家长。学生在校打架了,责问家长:"你们是怎么教育孩子的?"学生作业没完成,责问家长:"你们是怎么看着孩子学习的?"大兴教师之权,且问家长之罪,正可谓"兴师问罪"。

那么,问题是,谁给了教师这样的权力?"养不教父之过,教不严师之惰",难道这是能够割裂的吗?

分析下来,还是一种"倚强凌弱"的市场心态在作怪。因为,就目前我国教育现状来看,尤其是一些名校,学校与家长相比,显然学校处于强势地位。这导致了这类学校的教师也同样如此,据有强势在先,动辄传呼家长到学校做"冷板凳",接受老师的"教诲",家长虽心怒但口不敢言。

在这方面，民办学校做得会好一些，或许民办学校本身就行走在市场机制上，民办的老师没有端上"镶着金边的铁饭碗"。于是，从民办学校的理念到老师们的做法，都必须坚持在家校工作上做到平等和尊重。甚至一些办学艰难的这类学校，在家长面前还要表现得低矮三分。

由此可以得到一个结论，体制决定态度，态度决定一切。而在我们无法解决体制问题的情况下，只能从教师的道德层面来吁请——老师们，别忘了千百年来人们送给咱教师的责任和光荣称号！

至于用何种方法来请家长是可以商量的。

或在百忙中挤出时间，走进家庭，用真情，用教育智慧，在不伤害学生心理的情况下与家长沟通。或结合不同学生、相同问题，在学校组织小型座谈会，共同研究解决问题的策略与技术。或召开相关共性教育问题的专家讲座，等等。

反之，一些不当的甚至恶劣的请家长做法必须注意。

如，一些班级家长会上，成绩好的学生家长坐前排，受表扬；成绩差的学生家长坐后面，被批评。一场家长会下来，让成绩差的学生家长脸面扫地、羞愧难当，回家后只有狠狠整治孩子。这样的两面夹攻下，最终受到伤害的孩子会如何？还会对学习有兴趣吗？幼小的心理能够承受吗？

又如，像黄普磊先生所言，有些教师把请家长当作管理学生的"利器"，谁要出问题就请家长，谁成绩差了就请家长。这样把家长当作"另类助教"的做法不仅于此，包括课堂教学的大量作业延伸到家庭，让家长看着孩子写作业，直至深夜，弄得孩子不堪重负，也弄得家长疲惫不堪、唉声叹气。

总之，我以为，家长不是不可以请，家长必须担当属于自己的那份教育责任。但是，在如何请家长这一问题上，教师必须做到态度端正，方法得当，必须基于对家长的尊重，必须基于对学生生命的敬畏，既不可亵渎教师的道德，又不能伤及学生的心理健康。

曾经的一声叹息

唉……在民办学校待久了的孩子就是这样!

这声音来自民办学校的老师。说:在民办学校的孩子,时间长了,都变成"油条"了。何出此言?无非是,不怕老师了,不爱学习了,成绩好坏无所谓了,等等。似乎这是独属于民办学校的问题,特别是全封闭寄宿制学校更是如此。

事实上,这个说法应该从历史的角度和用辨证的态度来解释。

首先从民办学校发展的历史来研究一下这个问题出现的缘由。在近20年的民办教育发展中,由于生存机制的作用,当我们曾以"教育服务"的亲切面孔出现在社会和家长面前时,人们对比"冷面"的公办教育,一定会对民办学校的"服务"产生较大的认同感。然而,恰好问题就是由于我们把服务定位在对孩子好的简单层面上,所以,难免就出现一些不敢管学生、迎合家长的问题。同时,在寄宿学校,我们又过多地把教育工作放在了"管"字上,以至于长期下来把学生管得逆反,管得"油滑"了,用老师们的话讲就是这些孩子很难管。于是,最终就导致了孩子不爱学校,进而不爱学习。

当然,辩证地看待这样的问题,我们还可以从正面来认识。由于寄宿学校的学生与教师朝夕相处,所以,原本在公办走读学习中对老师产生的那种神秘感和距离几乎都没有了,所以,学生与教师之间的关系就发生了变化。其实这并不是坏事，是走进社会群体的进步，是人际关系的体验。

其实，当我们听着这样叹息声的同时，也在考虑"以问题为课题"的事情。回顾我校的办学历程，这一问题也曾困扰过我们，也曾让我们担心过。记得在办学的前两年，我们的老学生班级和后来入学的新生班级就有不同：新生班比老生班好管理，尤其是我们幼儿园直升的一年级，班级不仅在管理上有难度，而且在学习上也跟外面来的新班级存在差距。

时至今天，在办学五年之际，我再次研讨这一问题，欣慰地看到了我们的努力和具有方向性的新结论：不仅老师们说，事实亦如此，我们曾经的老班学生比后来扩容的新班学生各方面都好！包括品行、秩序和学习态度以及学习成绩。

为何如此？为何要等个两三载才见分晓？不难剖析，我们注重的是"发展品质、享受学习"的内在素养的构建，而不是急功近利违背教育规律去拔苗助长，没有在根本上下功夫，结果必然是经不住时间的考证。

那么，还是用老师们的话讲，目前已经崭露头角的"一班现象"在表述着什么？我的看法和感慨是：我校曾经的命题"我们走在大路上"得到了事实的明证，我们的理念不是悬浮在空中的口号，我们的教育是经得起考验的。当然，与此同时，我们今天的微笑就是我们曾用艰辛劳动换来的成绩。

别样的感恩节

感恩节是美国和加拿大独有的节日。起源于300多年前,一批100多人的欧洲移民到了美国,饥寒交迫下,大部分人在头一年的冬天就冻死饿死了,剩下的50多人,在当地原著居民印第安人的帮助下,学会了钓鱼、打猎、种玉米和南瓜,这些人在第二年喜庆丰收的时候,举行了感谢上帝的庆祝活动,并且邀请印第安人一起参加。这就是感恩节的由来。后来,美国林肯总统宣布每一年11月的第四个星期四为感恩节。

我一直对舶来的洋节中最认同的就是感恩节。虽然如今美国、加拿大的感恩节内容已经变了味道,几乎就剩下了吃火鸡,可感恩节的名字却不错。所以,我把它移植到了我们的学校,列为我校三大"校本节日"之一,也属于我们教育服务的品质所在。

美国感恩节只有一天,我校的感恩节是一周;美国的感恩节在冬天,我校的感恩节在春天;美国的感恩节源于民族感恩,我校感恩节基于中华传统的孝敬文化,又不止于此。

为何放在春天?这是因为春天是生命蓬勃、万物复苏的季节,是人与自然最和谐、最有生机的季节。而且,我校的感恩节开幕于三八节那天,这又是一个"母亲概念"的节日,最适合我们教育孩子去探恩、知恩和感恩。

我们的感恩节是厚重的,是融合了多元文化的节日。这一周,各种活动丰富多彩,在老师的组织下,我们按部就班,一步步深入地引领孩子从生活中去寻找,寻找着曾经的被爱和曾经的感动。可以想见,那些沉积着父爱与母爱的往事,如果我们不用教育的眼光去发现,很可能就会在这物欲横流的社会中,在这享乐行乐的时光中,渐渐地在孩子们的记忆中流逝,以至于当代许多儿童出现了"被爱麻木症"。

我们的感恩节在于唤醒。不仅是唤醒了孩子们的爱心、孝心,也通过家长的参与,唤醒了家长的教育责任。甚至,我们的希望还在于唤醒社会的关注,同时,这样的做法也是在诠释学校高品质的素质教育和教育服务的追求。

感恩节让人感动,许多家长在活动中被孩子的心语表述感动得流下了眼泪。特别是四年级(1)班的班会,在即将结束时,患重病手术后站起来的雪儿,在父母陪同下走进了教室。雪儿爸爸噙着眼泪一进屋就给全场的家长和老师、学生深深地鞠了一躬,并万分深情地表达了谢意。因为,在八个月前,我校闻知雪儿重病需要赴京手术,而且费用昂贵,家长把房子都卖掉了的时候,大家纷纷伸出援助之手,包括许多家长在内,全校师生为雪儿捐款达6万多元,为雪儿治病解了燃眉之急。所以,雪儿父母在感恩,也恰逢我们的感恩节。

参加了感恩节的家长在感动之后说:这是一个最美的节日,是别样的感恩节。

看牙，我被预约了

前 不久，牙疼，去一家据说是台湾人办的高级牙科诊所看牙。诊所在一个高档小区临街四楼上。进门后，看到接诊服务台后面有三个年轻美女在叽叽喳喳地聊天。见我一到，旋即便训练有素地散开，只留下一个接待女孩，面带极其专业的那种微笑并以极其专业的手势和语言引导我走进旁边一间贵宾接待室。

接下来却不问病情，拿出一个精致的信息卡，忙着问我各种各类的私人信息，尽管我表示不耐烦，但她们依然微笑，依旧问个不休。直到我把最不愿意告之的手机号码用一个假号说出才结束这番折腾。

折腾后，问完病情，这位小姐甩出一句话说：您稍等，我给您预约专家去。

稍等的时间我浏览了一番诊所的风光。结论是豪华得不像诊所，像咖啡厅。这点着实让人感到了一种不凡，透出了许多商业的创意。

大约有五分钟的等待，接待小姐回来了，说："真巧，我们专业治疗牙周病的专家在这里。"于是，去里间见专家。"专家"很年轻，也是女孩，戴口罩，看不清面孔。又是一番折腾，结论是需要涂抹药物。价位不等，从几十元到几百元，从国产到进口，不知何物。在半信半疑中我选择了怀疑，几十元完事。"专家"却穷追不舍，一定要约定下次换药和继续的系统治疗，我不得不答应。

完毕,"专家"摘下了口罩后却给了我一惊。原来这位"专家"就是刚才在门口接诊台后三位聊天美女之一!

但我被预约了。

很商业。但我无语,只有逃之夭夭,走时心里说:此处凶险,岂敢再来。

忽然想到,还有这样一所民办学校,也会预约。凡是来此为孩子求学的家长,无论何时,无论何人都会遇到同样的待遇——请预约,现在没有学位,等两周之后给你答复。

那么,真的是没有学位了吗?非也。这是招生手段,是"钓鱼式招生"的技巧,是商业惯用的手段。

显然,这二者出于同样的手法。

做医疗的很商业尚可接受,可做教育的也很商业,不可思议。因为教育是教人求真的事业,如果教育人处处说假话,还怎样教学生做真人呀!

尤其是行走在市场机制下的民办学校,若是过度包装自己,处处透出泛假的服务,毋庸置疑,最终,必然使学校走入败境。

第四篇
学习品质

深究学习，我们会发现一个问题，同分不同质。

这个问题对于学校教育是一个很重要的课题，是关注教育的品质和关注学生学习品质的大事。

因为，我们的教育不是教会考试，是教会学习。可目睹现今的学校教育，在应试教育思想和行为下，我们关心过多少学生的学习品质？我们是否在向学生索要分数的同时正在伤害着学生的学习积极性？我们的基础教育在把学生送进高考大门后，是否考虑过他们今后还想读书？

这些沉重的问号关乎着一种生命，我称之为"学习生命"，是一个人"三大生命态"最美的那种。

所以，教育当以道德为先，教师当以敬畏为本。

学习是一种生命态

人有三种生命态。

其中，自然生命是物质的，是生物形态的生命。通俗地说，就是父母给予的自然生命。

政治生命是社会存在的形态，是从出生甚至未出生就享有的一种权利。当然，政治生命既然属于社会，那么，社会也会在法律规则下予以取消，也就有了某某在违法犯罪后量刑时"剥夺政治权利"之说。但我们通常所说的政治生命多为一个人的政治发展态势，或者可以表述为他在社会活动中的活跃程度。这便是"社会人"概念及表现。

与此同时，我们还要认同另一种生命态，即学习生命。

人的生命表现中不可忽视这样一个决定生命品质的内质，因为在自然生命基础上，若没有旺盛的学习生命之表现，其政治生命只能处于最低形态。

与前两者相同的是，学习生命也是与生俱来的，是原生态的反映。特别是婴幼儿和儿童阶段，这种学习生命态的表现会极其强烈，可谓朝气蓬勃。婴幼儿的那种好奇感、尝试欲，那种见啥学啥的求知欲和探索欲，都在积极地呈现着学习生命的存在。

然而，学习生命有时会被教育的功利化误读。甚至是，在冠以学习的名义下，在给予的同时，我们的教育也在吞噬学生的学习生命。例如，在应试教育思想下，我们过分的书本式学习和选拔式考试，会让孩子在得到分数的同时，丢失了学习的积极性。而事实上，学习本真的实质应该是学习生命存在中的一种积极形态，应该存在于具有内在的动力系统之中。但是，如果过度强调学习的目的性和需求性，过度地用责任来渲染学习的意义等，这些外在的学习推动体系常常会掩饰了学习本来的生命态。

上述问题在高考之前的拼读中最为明显，许多学生在需求和责任的压力下，考上大学后的第一表现就是"趴下来"，"气喘吁吁"地恐惧继续的学习生活了。这无疑就像学习生命被戕害后的"脉搏微弱"现象，而接下来为了走向社会，不得不再学习时，因为失去了内动力而必须装上"心脏起搏器"，依赖外在机制维护着学习生命的延续。

我认为，在三种生命态中，学习生命是最美的，是具有贯穿性的，是比政治生命更有内在品质的生命。我们曾用学养深厚来赞颂那些终生享受学习的学者，甚至我们可以用晶莹剔透来形容那些把学习生命演绎得尽善尽美的人生。因为学习让人高尚，学习让人厚重，学习让人富有。

活到老学到老就是一种境界，也是一种人生最高阶层的享受。虽然我们不能要求每一个人都能步入这一境界，但却希望每一个人在人生之旅都保持着为生存、为生活而学习的内在力量。因为，有学习生命品质的人，才会让生命的价值有质量，才可谓之"学习人"。

埋头只读圣贤书,最后成了"剩闲人"

那日听一个故事,说一朋友的孩子大学毕业后,几经职场屡屡碰壁,然后无奈再返考场,因具备深厚的考试功夫,考研成功。本想着拿到硕士学位后职场大门会为其敞开,可世事无常,社会变化快,此时非彼时,三年后的研究生就像总经理一样,满地皆是,所以,这个研究生的文凭也依然没有成为入职"敲门砖",他仍然是被拒门外。于是,他再度灰心,再度考博。

后面的故事尚在续写之中,不知还有读博之后否?但我之担忧,博后能傻否?

就在前不久,两个小学八年级毕业生问我:在上初中之前要做好哪些准备?我知道他们想问的是,要在这个暑假报什么班……我的回答是:多读一些课外书,否则,只读课本的东西会让人变傻。

前面那个故事的主人公就是如此,一直在老师和家长给框写的应试学习圈圈内,只知道考啥就学啥,不知道课本之外别有洞天,不知道社会纷繁复杂。所以,读来读去就读出了心理缺陷,读得"目中无人",不知道如何与人沟通,缺乏情商修炼。于是,成了书呆子,与社会不相容,找不到适合自己的生存坐标,成了名副其实的"剩闲人"。

其实我无意褒贬"圣贤书",过去的经典如"四书五经"之类,至今都在中华文化中熠熠生辉,让人品读而受益无穷。可现今的课本教材,特别是那些"学门似海"的各类练习资料，那些与生活距离甚远的古怪问题，与我们所说的"圣贤书"差之千里，只能算是能够把学生弄得晕头转向、苦不堪言的垃圾文字而已。当然，在应试目的的作用下，我们的教材和资料编者们也是苦心一片，可如此下来，如若学生的学力不及，哪还有余力去浏览课外书籍。没有余力、没有时间，最后只能圈围在我们的教材、考试中，长此以往，不傻才怪！

事实上，那些被老师与家长说成是不爱学习的孩子倒是有些例外，有的学生是面对学校课程、教材不感兴趣，可读一些与考试无关的书却并不反对，甚至能读出味道来。同时，在排斥了我们的学校课程后，他们会有更多的精力去关注社会、关注人与事。或许，在这样的抗争下，最后的结局并不错，因为拒绝了死读书之后，走出了"无味书屋"，找到了属于自己的"百草园"。

但愿，教训和现实能唤醒教育的心智和良知，把本来很薄的教材，充实进很厚的课外知识，让我们的学生能学进去，也能走出来，别变傻，别在未来的能力社会中一不小心成为"剩闲人"。

学校，让小学生厌学的三大原因

如果说经历了十几年的苦学，以疲惫的身心面临高考时，学生说厌学了，这在情理之中。可现如今在小学阶段也不乏厌学情况，这是不容忽视的问题。

我以为，从目前综合现状来看，使小学生产生厌学心理的原因很多，诸如社会环境、家庭环境等，但是，如果只从学校教育来看，主要原因有三点：第一，作业如山；第二，奥数似海；第三，师道缺失。

作业如山。虽然一直以来教育主管部门都在努力地喊着"减负"，可事实上这个问题还是存在，并且在一些公办学校里，特别是在那些被社会热捧的好学校里，这个问题似乎更为严重。其实这里的问题也属于正常，是因为社会对好学校的考量还是根据一个分数来界定的。所以，好学校的老师双眼必须紧盯着成绩。而且，这类学校一般来讲学额极大，老师尽管很优秀，可面对近百名学生构成的班级，要想普遍提高成绩，在课堂中也显得颇为无力。所以，只能依赖大容量的家庭作业来弥补教学的不力，或者揭穿一些说是，通过作业来依赖家长当"助教"，以提高教学成绩。

事实上，家长对此做法非常反感。但是，因为随波逐流，或在从众心理下，或在面子问题下，不能不为孩子选择此类学校。可实际上，这些家长多么希望改变这种状况啊！近日，有一位家长朋友跟我说了一个现象：他的孩子因病在家休息了半个月，每天只是孩子自己看看书，家长是闲时帮助一下。此间孩子说，不上学真好，而且还说我自己看书也都学会了。等病好复学后，正赶上班级小考。没想到的是，这次考试的成绩绝不像老师和家长想象的那样，甚至比平时在学校学习的效果还好。于是，不仅老师大跌眼镜，家长也颇为不解。

也曾经有位老教师说过，教学就像训练运动员一样，没有大运动量就没有好成绩。初想，似乎有理。可细细想来，根本就不是这回事。因为运动员是在极其强烈的竞赛意识作用下训练，其近期目标产生的外动力是巨大的。这和我们一般的普通学习，缺少急功近利的儿童学习心理是不可比的。如若这样，即便是取得了一个好成绩，却难免失去了学习的健康心态。

奥数似海。现在的奥数训练资料版本繁多，从小学一年级开始到六年级，已经把孩子们折腾个够。那次，找到了几本奥数习题，一看下来，惊得一头汗水。不仅是题目的范围之广让人咂舌，其深度更加可怕。所以就想到了奥数似海的说法。

也是一位家长说，人家的孩子都在学奥数，迫不得已也给孩子报了一个奥数班。可孩子的兴趣却不在此，孩子喜欢的是艺术。于是，在家长与教师的双重逼迫下，最终孩子不仅奥数没有学好，就连常规的数学课都厌烦了。

其实，单就奥数来讲也并不是坏事。尤其是对于那些对数学有着浓厚兴趣的孩子们，老师引领他们在自己喜欢的领域中探究，这是极其正常的。然而，问题是奥数已经发展得过分了，不少学校甚至把这个兴趣项目当作了学科教学来抓。如此，很可能奥数没有抓住，却让孩子们的厌学情绪因此而产生，以至于波及到了孩子们对其他学科学习的兴趣。

师道缺失。这个说法可以从一些现象说起。前几日一家媒体报道，说一些家长抱怨班级学额大，孩子座位靠后听课有困难。于是，送给班主任一红包,问题立即解决。也有另一家长说,孩子上课总是得不到老师的提问,家长便如上同法,问题也得以解决。

而另一个家长朋友说,孩子回家说他们在私下里把老师叫"老板"。家长问孩子,孩子解释说,谁给老师送礼多,老师就对谁好,就像在做生意一样,所以,我们就把老师叫"老板"。试想,原本应该在孩子们心里形象高大的教师,若变成了"老板",这是何等可怕的事呀!因为,我们知道"亲其师,信其道",反之,失去了学生信任的老师,其教学效果必然不佳,这是不争的事实。

按理说,孩子们在幼小时期的好奇心、求知欲都应该是很强烈的。正如《三字经》说的,"人之初,性本善"。这里对"善"的扩解也含有积极学习的态度,而后来之所以厌学,其问题的本质原因绝不在于学生,而是我们不当的教育行为所致。所以我吁请,尤其是小学教师,应该不惜余力地呵护孩子们那原生态的学习动力。这是人生学习生命的根。我们老师应该做好的首要工作是什么?不是成绩,是"把根留住"。

家庭，让小学生厌学的三大原因

前文分析了学校使小学生产生厌学的三大原因，而事实上，家庭的因素也很重要，也存在着因家庭教育不当导致的小学生厌学的问题。分析下来也有三大主要原因：首先是"过度强迫"问题；其次是"拔苗助长"问题；再次是"亲情缺失"问题。

过度强迫是目前家庭教育中存在的一种主要问题。这是重视教育而方法不当造成的，尽管出发点是积极的，可忽视了儿童自然发展的规律。

曾有一个家长说，孩子刚上幼儿园时她还没有感觉到什么，等快上小学的时候，看看别人家孩子认识了那么多的字，还学了不少的数学计算题，这时她就着急了，就开始给孩子一通恶补，想着在孩子开始上小学的时候别丢了面子。结果是，恶补就有恶果，恶果就是没等孩子上学就先厌学了；而接下来因为厌学在前，所以，成绩就不佳。这时家长更加上火了，就继续施压，从而导致了这名小学生表现出了极度厌学的情况。

实际上，类似的家长大有人在。常听见一些家长说，孩子太小，不知道学习，就得给点压力；也有的说，学习就是逼出来的。由此可见，我们的家长把本身具有学习内动力的孩子忽视了，只把孩子当作"拖车"来推拉，这就是不懂教育的缘故。

"拔苗助长"的家庭教育问题多出于"神童"故事的影响。特别是一些可以称为文化阶层的家长,更是摆脱不了这一种教育的浮躁;也是因为自身的功利意识在作怪,只想着通过自己的努力制造出一个"神童",至少是比同龄孩子各方面都强,这样家长的脸上是会大放异彩的。

且不说这里有哲学的特殊与普遍的关系,也不论孩子是否就一定会因家长的"拔苗"而"成长",只从教育科学的角度来看就应该摒弃这样的家教思想。因为教育必须尊重过程规律,孩子的成长必须要积累,要在渐行渐进中打好根基。我曾举过例子说,教育可没有那种快速催生的"鸡饲料",如果有就坏事了,因为教育提供的营养必须是绿色的,不可以随意弄一些"添加剂"之类的东西进来。我还讲过,教育要向老子思想表述的那样,"自然为大道"。

毋庸置疑,拔苗助长的后果之严重就在于使孩子厌学。因为我们违背了的不仅是教育规律,也是自然规律。

至于亲情缺失而使小学生厌学的案例有很多,问题不一,但结果相同。我曾就不同案例做过简单归纳,大概可以分为四种情形的问题:

1. 父母忙于生计或生意,无暇顾及和关心孩子。这种情况下,如果再没有找到好的学校、遇到优秀的老师,那么在学校应试的强迫下,孩子就缺少心理安抚而无法自控,就可能自然走进厌学的漩涡中,不可自拔。

2. 父母离异或"准离异",家庭处于"战争"或"动乱"下,孩子的心理健康一定会受到冲击,一定会总想着家里那些烦心的事,无心于学习。久而久之,就会厌学。

3. 教育方法不当,伤及了孩子与父母的亲情。一般都是因学习成绩引起,当孩子的成绩不佳时,家长"望子成龙"心切,"急中缺智",经常用打骂来处理问题,特别是用一些高强度的损伤感情的语言来破坏孩子的学习动力。比如,"看看你,人家的孩子咋就学得那么好,你长了猪脑子!""摊上你这么个孩子可给咱家丢了八辈子脸了!""你要是能考 90

分，太阳都会从西边出来，我都管你叫爹！"……如此的打击、讽刺、挖苦，长此以往，不厌学才怪呢！

4. 父母常年不在家里，隔辈溺爱的家庭。由于隔辈在教育孩子上难免于感情的娇宠过多，所以，当孩子学习遇见困难时，得不到正确的疏导，渐渐地就可能自己对自己降低要求，最后在缺乏家庭健康教育跟进的情况下，随意下去，从而厌学。

以上是对小学生厌学家庭因素的分析。与学校原因的分析一样，也是目前一种较为普遍的现象，所以，作为家长应该予以高度重视和科学把握，因为，小学阶段对孩子一生的学习生命至关重要。

社会,让小学生厌学的三大原因

不仅学校、家庭的问题会使小学生产生厌学情绪,社会的原因也是不可回避的要素,这是相互关联的一个整体问题,是需要综合治理的教育问题。

分析下来,属于社会因素的三大主要问题如下:首先是社会浮躁的问题;其次是应试教育的问题;再次是动漫网游的问题。

所谓社会之浮躁是基于经济为中心的问题,特别是舆论媒体的文化导向更是如此。包括人们对成功的定义都简单到了"有钱"、"企业家",至于那些赚不着钱的科学家却少有媒体关注,而被大家追捧的"歌星"背后的问题也是因为唱好几首歌就能大把地赚钱。事实上,这些问题对家庭的侵入自然不必去说,有钱的家庭、家长不仅自己在体验着"成功",而且孩子也就会因此而享乐,享乐的后果就是不想去为学习而吃苦。

有一个小学二年级的孩子听老师说:学习好了今后就有本领,有本领就会赚到钱。于是,这个孩子就高兴地说:我就不用学习,我爷爷说了,俺家的钱下辈子都花不完……这话让这名老师头疼,但这确实是一部分经济条件好的家庭中存在的教育问题。

还有一个读小学的女孩,父母带他去看了一场香港歌星音乐会之后,就整天陷入痴迷的状态。倒不是因为现场观众那种狂野的崇拜让她受到了刺激，而是回家后家长说这位歌星一场下来就能赚几十万元钱。当时女孩就问爸爸妈妈的月收入是多少，然后张着大嘴"哇噻"……再后来就天天琢磨这事，不仅对学校的学习不感兴趣了，就连其他的活动也不愿意参加了，就想着咋当歌星的事。

按理说，应试教育的问题当属于学校教育问题，可实在说又不是学校能解决的问题，最终还是一种社会问题。尽管近年来高考的"独木桥"在不断"加宽"，可应试教育的热度却丝毫不减，许多时候甚至是人为地在给学生制造学习的精神负担，以至于波及小学生。曾有一个教育调查，问小学生的学习目的是什么？包括一、二年级的学生在内，竟然高度统一到了89.3%的孩子回答是考大学。试想，如此功利，如此目的性极强，且早早地直逼高考去施教于天真烂漫的孩子，后果将是什么？长期下来，把学习当作任务的思想是极其可怕的，是滋生厌学的问题症结之一。

然而，这样的考试体制却又不是一所学校能解决的问题，甚至也不是教育主管部门能简单地在短时期内解决的问题。

至于动漫、网游的问题，如今也被众多家长视为"洪水猛兽"。而事实上，尽管有些内容还算是健康的，还可以让儿童适度地接触，可在自控力较差的儿童中，如果上瘾了就是问题，尤其是在学校教育的高压下，在家长与学校老师的双重"围剿"下，儿童若找到了"网游"这一快活去处，不着迷才怪呢！而着迷之后的问题必然是厌学。

如同前两篇，我是从分析问题入手的，至于如何解决小学生厌学的问题，我认为关键还是在于疏导，也应该从个性问题出发，因人而异地去寻找最有效的、最恰当的解决途径和方法。

都有什么不是教出来的

首先界定一个概念,这里所说的"教"是传统的"传授"和"灌输",也就是"教师讲述,学生接收",或叫"知识传递"。至于在传统课堂中,教师提问,学生回答,包括作业与测试等,只不过是一种课堂技术层面上的"检验传递效果"而已,也属"教"的行为。

如此,在这样的概念定位下,我们不妨发问:在传统课堂里,都有什么不是教出来的?我看至少有如下两点:

第一,学习态度不是教出来的

可以断定,这个说法的提出一定会遭到许多老师反感。因为在传统课堂中绝对不乏认真听课,积极发言,按时完成作业,而且考试成绩优秀,被老师评定为勤奋好学、积极努力的好学生。所以,说学习态度是教不出来的,势必会让大家无法接受。但如果我们站在更高处看问题,往更深处想问题,站在致力于学生终生学习的视野上看待这一问题,结果大不一样。

这里必须认定一个理论,学习态度是学习心理的表现。而学习心理一定存在着内在原生态和外在表现态两种界定。而研究表明,每个人的原生态学习心理都是积极的,学习的本能表现是与生俱来的,而不是后天培植所得到的。包括婴儿的牙牙学语、蹒跚学步，都是天生的本能表现。

然而，在我们的学校教育中，在一般教师的心中，似乎都忘记了"每个孩子原本都是爱学习的"，忘记了这个重要的"人之初"！这才是问题的所在。

所以，回到问题上，我们可以这样去解释那些在传统课堂中能够认真、勤奋、好学的学生，是因为老师讲授技术很优秀和人文的影响，所以，保护了这些学生原本的积极学习态度。与之相反，若教师与学生的情感关系很糟糕，或者教师的讲授技术很一般，再加上高压强迫、题海战术的摧残，学生的学习态度不出问题才怪呢！尽管有时在年级高一些的学生中，可能会因为功利目的而自控，表现出一些学习态度积极的假象，但本质上是有问题的，不是学习的健康态。

学习态度确实不是教出来的，是原生态，是得到保护才表现出来的。

我以为，构建学生在课堂中主体地位，还原课堂原生态，把自学权、发问权、讨论权、解答权还给学生，让学生在课堂学习的过程中，呈现出像李炳亭先生所说的那种"生命狂欢"态，这才是最好的学习态度。或者说，这是一种赤裸裸的解放，让学习本相毕露。而这恰恰不是因为"教"，而是因为"解放"，因为教师退出了"教"的霸主地位，找到了"导"的角色。

第二，学习能力不是教出来的

前者说的是"想学"问题，而这里的问题是"会学"。会学似乎是方法，似乎传授学习方法正是教师的任务。但我认为并非如此，试问，教师都是因为很懂学习方法才当上教师的吗？如果再看看我们的师范教育体系，恰好只有"教学法"课，没有学生如何学习的"学法"课，这就是问题所在。

"在战争中学习战争，在游泳中学习游泳"，这是最好的注解。所以，学习的能力来自于哪里？毋庸置疑，来自于自己主动的学习过程中。

然而，在以教师讲授为主的传统课堂里，哪里还有学生自学的空间？耳提面命、我讲你听、死记硬背、模拟式解题，照葫芦画瓢，这些应试目的下的"加工操作间"，早已抽空了学生自己学习的能力！

当然，不能一概否定，优秀教师也会在一定程度上关注到培养学生的学习能力。但分析下来，更多的只是在具体到如何解题，如何分析、归纳、推理等技术层面上。而在独立思考、创新求异、批判生成等能力构建上，传统课堂学习形态是无法做到的。只有在以学生为学习主人的课改后的灵性课堂中，在学生的主动置疑、展示讨论的过程中，学生才能找到最适合他们"学习游泳的泳池"，也只有如此才会使学习能力得到真正的提升。

当我们清楚了上述两个问题后，摆在我们面前新的问题是什么？我想应该是教师的定位和作用。简单说就是，教师在课改后的课堂中该干些啥？

我认为是，往概念高度上说是"导师"，是主导着课堂进行的服务者。也可以形象一些表述，教师也是"驾驶员"，把控着课堂应该前行的方向；教师还是"工程师"，给学生搭建成长的"舞台"，抑或，也可以当一把"导演"、"教练"，乃至当"拉拉队"都很有意义。总之，"教退学进"，"教室变成学室"，把课堂还给学生，让学习态度和能力在主动学习中得到保护和发展，这是我们现代教育适应现代社会需求的关键所在。

素质不是教出来的

"素质不是教出来的。"这句话在第一次听说时,很是觉得突兀,似乎是在否定我们提倡的素质教育。但是,此话却是《素质教育在美国》的作者黄全愈先生讲的。

2000年时我在青岛曾与黄先生交流过这样的话题,他也就此做了一些观点的阐述,我非常认同。过去10年了,今天缘何又想起了这话?不是在理念或理论上有何新解,而是在目睹了一些孩子们在此间成长的历程以及现今的作为而有所感。

下面我用A、B、C、D来讲述一下四个当年的孩子,在这十年间的变迁:

A:男孩,因父母对教育的功利性较强,不到六岁即入学。但孩子自身从生理到心理并没有准备,只是贪玩,对突然而来的强制性学校模式的学习很不适应。于是,上学之初,小小的孩子就被老师戴了一顶"帽子"——不爱学习的差生。孩子并没有因为这顶"帽子"感到不舒服,但是家长却因此在同事中觉得很失面子。

接下来的问题是,在家长联手老师的强力压迫下,孩子开始了对原本也并不十分讨厌的学习产生了十二分的讨厌,直到最后正面对决。以至于,当家长的方法悉数用完后也无效时,便是一声叹息,说:这孩子就不是学习的"虫"!

然而，不学习和逆反学习的另一方面是，他在与人交流中，社会知识与情感发展都很好，用老百姓的话说叫做"会看事，会来事"。直到最后，连高考的大门都没有触摸就走进社会了。

其实，社会的大门是宽的，准入的条件也不仅在于文凭。于是，历练中他的长处就显露出来了，几经打拼，几经挫折，最后竟然在需要的前提下，也补习了一些原来在学校学习的缺陷，还干出了一番自己的事业。

当10年前的老师再次评说他时，这样说：这孩子的素质好！

B：女孩，与A的前一段遭遇相似，但因为女孩的柔弱性格，所以，不敢正面对决家长的强迫，便实施"柔性对抗"。家长先是说：这孩子倒是听话，可就是不爱学习。再后来进入初中，在"全场紧逼"下，孩子"举手投降"。于是，家长又说：算了，这是个笨孩子。

孩子真笨吗？不！就在父母为孩子另寻出路，报读职业学校后，在学习压力骤然下降后，我们发现孩子的精神立马提起来了，在职业学校里，频繁参加各种活动，没有了原来学习成绩不好的阴影，还当上了班级干部。甚至原来的不苟言笑的沉闷表象也没有了，开朗活泼得像换了一个人一样。在毕业之前的社会实践中，她表现得特别优秀。

毕业后，竟然是"工作"主动来找她了。几年来，她在一所民办大学里做行政工作很是出色，薪资待遇也非常不错。当年为她的未来一筹莫展的父母终于放心了，并和朋友们说，这孩子后来懂事了。

其实，应该的结论是，后来孩子终于有了展示自己素质的平台。

C：男孩，从小就是"乖乖娃"，听话又聪明，学习成绩好，也从不惹事。所以，无论是用家长的话讲还是用学校老师的评价，都属于好学生。甚至在十几年的中小学学习生活中他都没有和别的孩子打过架、吵过嘴，让家长特别省心。期间，家长省心后就心满意足地当起了"后勤部长"，说：你只管学习的事，其他什么都不用去做，只要考上大学就成,其他我们包了。于是,他就在不断的表扬声中,在只会学习和考试的情况下,一帆风顺地考入了一所很不错的大学。

大学也毕业了,也在家长的帮助下他找到了一份很稳定的工作。

但工作后的一天,他给父母传去了一个信息:我可能"抑郁"了。缘何?因为他在单位里和同事、领导不知如何相处,离开了父母,离开了单纯的学习式生存环境后,许多事情他都不知怎么办了。特别是远离了表扬,心理不自觉地就产生了失落感,以至于自己也搞不清楚何时从优秀变成了落后,无人倾诉,无人理解。

再后来也是在自己的努力下,历经了精神世界的挫折后,凤凰涅槃一样的寻找到了原来优秀的自我。

这事让他的父母反思:我们当年似乎对他做得过多,又似乎有些该做的事没做。于是,他应有的素质就没有得到开发,而学校的应试教育又没有关注到这一点。所以,他才有这样一个问题的出现。

D:女孩,同C一样,从小在学习上就没有让家长操过心,而且读书一直名列班级前茅。所以,12年的中小学生活后,顺风顺水地就考上了大学。家长在此间一直享受的就是,逢人就说孩子爱读书、爱学习。

其实,这孩子的懂事是因为知道家境不好,想要解除父母之忧,只有学习、考学,除此之外,别无出路。另外就是因为她从初中到高中都是在应试教育的名校中度过的,而这样的学校更多的就是学习,至于学生的学习观和学习的品质怎样都很少顾及,特别是对于终身学习的思想教育可能更少。于是,上大学后就出问题了。

问题就是不读书了。除了应付专业的书籍之外,其他书本竟然很少去碰,成了如今所说的"不读书的大学生"。

问罪于谁?不是孩子,是我们的应试高考这条路太艰难了,在"长途跋涉"中孩子们累了,所以,当我们的基础教育和孩子们把高考误作终点时,这样的问题出现也就不足为奇了。特别是当大学毕业后,此类问题的延续更为可怕。

结论性思考:每个孩子身上都具备着优秀的素质,好的教育是发现和保护孩子的素质,而素质确实是具有一定的先天性,不但不是教出来的,而且在不好的教育理念和行为下,还会压制了素质的发展。所以,我们所说的素质教育,在我理解,就是发现和发展,是给学生搭建发展的平台,而不是我们的教育能教出来的。

让孩子"踮起脚"来讲话

常揣摩"蹲下来和孩子讲话"的道理,也曾为了这句让人感动的话而感动。因为,对比着曾经的师道尊严,对比着教师"高大的背影",这句话本身就是一种极有冲击力的思想表达,是一种浸透了现代人文思想的理念,也是对生命价值的一种敬畏。

蹲下来和孩子讲话,不仅于形式,也涵括一种思想和态度。或者说,蹲下来和孩子讲话,首先表述的就是一种教师或家长与孩子之间的平等关系,也正是如此,我们和孩子的交流才会达到最佳的效果;其次就是有效倾听的问题,因为"蹲下来"就能更接近孩子,就会体味到孩子的"呼吸",就会感受到孩子独有的世界。这样下来,我们的教育和孩子的受教育才会实现最佳的对接。此即"蹲下来"的道理之所在。

当然,从现代教育观和教育方法来看,特别是从人学的意义上讲,似乎这些都无可非议。不过,若去深度思考,从孩子的发展角度认识,我觉得,我们还应该站在更高层面去认识和辨析这一问题。

有一个事例可供思考。那天,一位朋友在接听一个电话,所谈之事涉及我们之间正在进行的工作。过后,我问及方知,他是和他的两岁半的孩子在通话。因为我从他们之间交流的语言中,根本就没有听出来是在和孩子讲话的语气,而且是那么小的孩子,所以我颇为感叹。当时,我立即想到了"蹲下来"的说法,并用反向思维说他这是让孩子"踮起脚"来讲话。直到后来我见到这位朋友的孩子时，才进一步悟出了他独到的教子思想，而他的所为正是基于对孩子的认真，才能够突破"绕膝之乐"，才能倾听到那种生命的"拔节"之声。

美国的教育与我们不同之处就是从小赋予孩子责任。我曾说过教育孩子必须"支持独立"的话，这也是源于责任教育，也是一种呵护孩子们自我成长内在机制的想法。对比下来，我们国家的家庭教育似乎在走两个极端，由曾经的"父为子纲"、"棍棒之下出孝子"到今天的"俯首甘为孺子牛"，直到"抱着的孩子长不大"等问题的出现。

其实，若仅从"蹲下来"而言，终归有些一厢情愿的味道，甚至于有的家长和教师还会有勉为其难的感觉。然而，我认为"踮起脚"却是一种顺应生命成长规律的做法，是尊重科学的表现，是符合"发展就是硬道理"这个原则的。

当然，我并非反对"蹲下来"和孩子讲话的理念，因为无论如何这是一种现代教育进步的表达。但是，面对目前"太把孩子当孩子"的问题时，我们看见的早已不是"蹲下来"的问题了，而是许多家长"蹲得太低"和把孩子"举得太高"的现象。这或许就是一种矫枉过正，或叫做"过度亲子"的问题。所以，我以为，从教育的最终目的出发，从孩子的终生发展出发，还是要在"蹲下来"的同时，提出让孩子"踮起脚"来讲话的理念。

奥数之恶

数学原本是很美的，是人们从对自然科学领域的认识过程中所领略到的一种美。然而，现如今小升初这一基础教育的节点上，奥数给孩子们的面孔却是一种恐惧，被称为"奥数之恶"。

为此，基于对教育本真之保护，基于对教育问题的惶恐，我们不妨历数一下奥数之恶，也反思一下教育行为的功利化。

恶之源

"奥数"是奥林匹克数学竞赛的简称。1934年，前苏联开始在列宁格勒和莫斯科举办中学数学竞赛，并冠以"数学奥林匹克"的名称。

国际数学奥林匹克作为一项国际性赛事，出题范围和难度大大超过通常的考试。而通过考试达到的目的是发现与选拔智力超常儿童。此时的奥数很美。

近年来，我国基础教育的目标完全为了应试，初中学校为了争夺优质生源，教育主管部门又管理不善，奥数就泛滥成灾了。

可以理解的是，作为小学主科的语文和数学，语文是无法"国际"的，只有数学可以"国际"，因为数学的逻辑思维特点很强，常常直接反映出学生的智力高低。这样下来，奥数便堂而皇之地成了让小学生备受折磨的小升初门槛。尤其是家长想把孩子送进那些所谓的名校，非奥数不可。

恶之行

本来是在象牙塔中过日子的奥数，被泛化到了几乎所有的小学；特别是嗅觉灵敏、反应快速的培训市场，更是大兴奥数之道，大发奥数之财。虽然不少知名数学家和数学教育工作者发出了谨防"奥数"走偏的呼声，但"奥数"成绩与中学升学之间的微妙关系使得"奥数"内涵的扩大化趋势难以阻挡。各学校、团体主办的各种杯赛以及针对性极强的课外数学培训统统披上了"奥数"的外衣，脱离课本、强调技巧成了"奥数"的代名词。

如今，被初中的择选方式所逼，也被市场上风生水起的奥数培训机构所逼，各个小学的管理者，也无奈地开始了奥数之旅。不得不在校内开设奥数班、奥数课，不然，如按照教育科学规律办事，就得在学生考名校的过程中因奥数而遭遇尴尬。

但奥数真的不是大多数孩子们都喜欢的东西。包括学校领导和老师，也包括家长，都在为奥数而痛！

或许，只有社会上那些因奥数生财的机构在偷着乐。

恶之果

本来，在新课标下，在素质教育的思想指导下，我国的基础教育课程改革之后，数学课本很贴近生活，一改原来的干枯面孔，很受学生喜欢。但是，奥数的出现再次把数学推进了学生厌学的深渊。可以想象，种种偏题、怪题，以及不着生活实际的问题，让大多数学生如负重爬山，哪还有乐趣横生，哪还有快乐可言！

于是，厌学的问题就发生在奥数上！而且，在愈演愈烈的情况下，让我们这些走在素质教育轨道上的小学如何应对？还能挺直腰杆坚持教育规律吗？或许违心地被小升初的奥数所左右，做一些不得已而为之的事。

总之，奥数之恶的终极便是教育之殇。

所以，在奥数面前，我们要抑恶扬善。

教学当关注学生的"内需"

"内需"是经济范畴的名词，其具体含义不是我要讨论的，只想借用这个说法来阐述一下有关课堂教学思想的问题。

我以为，好的老师和好的课堂教学应当关注学生的"内需"。

然而，历史的和传统的教学关注点并不在此。封建时代"学而优则仕"的科举，当今的高考，的确可以让无数学子"苦尽甘来"，但这都是外在诱惑的结果。从学习的情感向度来讲，均不属于学生的学习"内需"。

事实上，学生的学习品质架构可以分为"知识系统"、"能力系统"和"动力系统"，而就目前新课程教育思想的推进来看，一般的做法还是把教改重心放在了构建学生的"能力系统"上，对于"动力系统"还缺少重视。或者，仅限于如前面所言，关注了一些外在的"动力元素"，忽视了内在的学习动力建设。

我的观点是，内在的学习动力是"原动力"，是主动学习的态度，也是与生俱有的品质。具体地讲，这是我们作为教师的责任。首先我们应该让学生感受到学习是快乐的，因为，快乐是主动学习的最本真的理由，也是学生学习的最直接的"内需"。

近来，我听小学语文课就颇有感想。尤其是第一课时的教学策略之变革，先让某个孩子范读课文，在读的同时要求其他同学去仔细听，去发现问题，去纠正错别字和读音等问题。这样的教学策略呈现的是什么？我看到的是学生的学习情感态度非常积极，注意力也相当集中。为何有这样的效果？原因有二：一是学生的学习有了心理"内需"，也就是孩子们的好胜心在支持着他们去关注，总想获得一次挑出别人错误的成就感。二是因为他们自己在读书中遇到了生字生词这个障碍，所以就产生一种主动的需求，希望老师或同学帮助自己解决问题，这无疑也是一种内在的积极的需求。

对比而言，以往我们先入为主的字词过关似乎符合认知程序，可深究下来就有问题了。那种单纯的先识字必定是一种被动，如果说是需求，也不是积极意义上的"内需"，至少在进行过程中孩子们的学习情感未必是发自需要的，也未必是急迫的。

想到当年上小学三年级我读《三国演义》时，字词的积累严重不足，可书中的内容却非常具有吸引力，于是就带着兴趣和错别字去读。那次，一位邻居好奇地指着"吕布戏貂蝉"一节中的"貂蝉"让我读，结果我给读成了"豹单"。一笑之后他告诉我正确读音是"貂蝉"。只一次我就记住了，因为那是我的"内需"。

所以，我认为关注学生学习的"内需"就是关注学生的健康学习和成长，这不仅是课堂教学的思想问题，还应该提升一下认识，这是现代教育的一种道德境界，也是对生命敬畏的表现。

不该问也不该告诉

那次,在接待客人的午宴上,服务员发给我们每人一副就餐用的塑料手套。原本在一些酒店中这样的手套是用来吃大骨棒、猪蹄等用的,可我们餐桌上并没有这几样菜。

于是我就问:这手套是干啥用的?

同座的一位幼儿园园长抢着回答:吃鸡翅用的。

我一看,桌上有这道菜。明白了。

随后的明白又不止于此,这里有教育问题。

第一,我正演绎着传统教育模式下一种不良的学生习惯——不思即问。这是填鸭式教学的灌输性习惯,不主动思考,只被动接受。时间久了,养成了惰性。

第二,这位园长的立即回答也属于传统教学的问题——有问即答。因为在传统教学中,教师是知识的权威,教师的基本责任就是为学生解惑。

不难分析,在这样"传授知识"的教学思想支配下,学生的能力培养肯定是有问题的,特别是提升到生命和成长的高度来看,更是问题严重。

那么,诸如此例,我们解决问题的关键在哪里?在教师,在教师的教育思想和行为。比如,当学生提出问题后,教师不该随即回答,而是应该把问题扔回去。说：你好好想想为什么。这好有一比，在足球训练场上，学生把球踢给了老师，但老师的责任不是当主攻手，而是培养学生。所以，老师在接到球之后，应该再次踢回给学生，把锻炼主攻的机会还给学生。这样学生才能成长。

记得有一次听一位有经验的老教师的课，由于他的教学老道，课堂设计的任务完成到位。所以，在结束时老师问学生：大家还有什么问题吗？学生齐声回答：没有！当即我便有一个想法，这样的"把问题讲没了的课"就是有问题的课。后来我在课后交流中感叹，我多么想在课堂结束时听到学生说：老师，我学习完这节课，忽然又有了许多新问题。这多好啊，这样的"生产问题"的课堂才是现代教育所需要的课堂呀！

静思后，我给老师们一个说法：教育不是告诉，而是激活学生的思考力。

同时我也常和家长们说：不仅课堂是这样，家庭中更是如此，父母不要总是去当知识的权威，去当"百科全书"，这样下来的问题是，我们会因此耽误了孩子的成长。

也谈个性化教育

个性化教育是一种现代教育思想的表述,也是对比于传统教育面对集体而忽视个体发展的一种冲突式批判。

如何认识和理解个性化教育,前提是必须搞清楚什么是传统教育,以及传统教育的弊端是什么。

其实,传统教育概念的提出是在20世纪初,美国教育家杜威在《学校与社会》一书中,首次将以德国教育家赫尔巴特为代表的教育思想和模式称为"传统教育",而把以自己为代表的教育思想和模式称为"现代教育",并由此开始了现代教育与传统教育之间的长期论战。后来,苏联的赞可夫又把凯洛夫的教育思想称为"传统教育思想",把自己的主张称为"现代教育思想"。可见,传统教育思想与现代教育思想是一个变化发展着的广义概念。

那么,就当今而言,传统教育所指应该是十几年前或几十年前的教育思想和模式。也就是大家都清楚的一些问题,如只注重知识传授,忽视了能力的培养;没有把学生当作教学的主体,只当作被教学和被管理的对象等。但我认为,就现代教育思想体系的核心问题来讲,更关键的问题是,传统教育思想的弊病是"集体加工",而忽视了个性发展。

在这样的问题基础和视角上看,我们所说的传统教育不是与时俱进的,是落后于时代和社会需求的教育。这是因为科技的发展、知识的更新所需要的人才是具有创新意识和能力的人才，而在传统教育模式下培养的学生属于"标准件"型，是缺乏与社会发展有对接能力的人才。于是，在许多学者看来，个性化教育思想便是现代教育与传统教育的分水岭。

事实也是如此，就目前我国教育的现状来看，尤其是高考的大一统模式下，各种考试中的标准答案和唯一答案便是扼杀个性思维的东西。这是从小学一年级开始就有了的模式，是一种"二元化"思想的体现，也就是从小就告诉学生，这个世界上只有"对和不对"。于是，久而久之，我们的学生看问题的方式都变得呆板，变得简单，不仅失去了"多元视角"看问题的能力，也渐渐地在学习中失去了属于个性的"话语权"。如此，何谈创新？何谈诺贝尔奖？

在学校中讲个性教育的并不在少数，但多为口号，或为包装，因为这个口号代表了现代教育理念，也表达了学校的教育品位。但口号归口号，行动归行动，最多是在新课程下的课堂教学中突出了学生在学习过程中的主体地位，以体现对学生的集体尊重。但若学生提出的个性见解与我们强有力的考试相冲突的时候，还是否定的。也有对个性教育认识有偏差的问题。甚至以为培优补差，给学生"吃小灶"就是个性教育，还有林林总总的特长选修也是个性教育。这都不属于问题的关键，而关键是我们缺少社会的宽容，缺少允许个性思想和认识的生长空间。

然而，如果我们的目光回眸到几千年前，便会发现孔子的"因材施教"就是个性化教育思想。那么，是否由此说我们的教育在倒退呢？也不是这样，因为在孔子时代，由于"有教无类"，使所教的学生参差不齐，目标不一，无法集体教学，所以提出"因材施教"。可以这样认为，这是社会发展在彼时与此时的需求不同所形成的教育模式问题，或者说，每一个时期的教育都会在社会发展的必然性中存在。包括现在，社会进步所需要的是创新型人才，所以，教育的社会使命决定我们必须辩证地认识和改革传统教育的弊端，在继承和发展中，实施个性教育，发展学生的学习品质，这样才能适应社会发展的要求。

"教出来的"和"学出来的"

归纳下来,每个人在成人后显现出的学习生命态只有两种:一个是"教出来的",另一个是"学出来的"。

"教出来的"是在传统授课模式下的"产物",其特征是"唯教是学",是离不开教的学习模式。表现在学校学习后的特点是,缺乏自学能力,凡是遇见新鲜事物,在接受的过程都需要凭借外界助力,尽管有主动接受态度,却没有主动摄取能力。所以,在工作中这样的人便是缺少创新能力的族群,就是没有开拓力的守持派。

追根溯源,这样的学习生命态是怎样构建的?是惯于听课、听话,是惯于被动接受,是被应试教育把主动学习态度消磨后的恶果。这样的学习态不是原生态,是在后天教育模式下渐渐形成的习惯。但这最终却决定了一个人一生的学习生命品质,而且,就目前来看,在我国呈现出这样学习生命态的人是绝大多数。

问题很严重,这是影响着全民素质的关键。

过去,"学出来的"几乎都曾命运多舛,或因家庭困境无钱读书,或因一些历史原因所致。我在小学四年级就没学上了,这是因为"文革"的到来。好在我的读书欲望没有泯灭,于是到处找书读,有书又没老师,只有自学。最后因自学久了,养成习惯,独立思考,归纳总结,这是被逼无奈的幸运,是"祸兮福所倚",是不用"学步车"学会"走路"的范式。包括后来恢复高考时，再次重返大学课堂时，我的特点就是不会听课，并且因此遭遇老师的批评。但不会听课，或者说是不习惯听课，这并不等于不会学习，更不等于学习不好。

后来，在人过中年后，我仍善于通过自己学习来接纳新事物，还在庆幸没被学校教育和老师的灌输式教学所害，甚至说多亏没有遇见那些讲课好的老师，否则我也难逃会听课的命运。

如今，社会发展、教育发展，在大家都能幸福地走进课堂聆听老师的教学时，学生也同时走进了"教出来的"环境管道，别无他路。但这就是问题，是老子的另一半话，"福兮祸所伏"，是陷入终生带着"教出来的"学习状态问题的根源。

有所悲亦有所幸，高效课堂主旨的课改正在掀起新的教学观念——还原学习原生态，也就是在改变着"唯教是学"的错误，让学习回归到自学、主动、以学为本的正确轨道，把学习的权利还给学生，培养和搭建自学平台，让原来传统课堂制造的"教出来的"学生，转变为"学出来的"学生。这是教育的道德高度，这是为学生终生负责的作为，这是为强国之本启动的未来工程。

前联合国教科文组织总干事马约尔说过："我们给子孙后代留下一个怎样的世界，就看我们给世界留下一些怎样的子孙后代。"如若我们留下的世界是"教出来的"一代，那么，钱学森的世纪之问就无法解答，中国就会继续着与诺贝尔奖无缘的历史。反之，若在我们的课堂教改下，培养出的学生是"学出来的"，则，中国教育幸甚，中国未来幸甚！

第五篇
坐在课堂

我喜欢坐在课堂，而且是坐在前面大约第二排的位置，方便随时转身看着学生。为何是这样？因为我会从学生的眼中看出老师，看到课堂的品质，也会在广角的视野下，去倾听学生成长的拔节声。

坐在课堂是幸福的，是作为学校管理者的一种习惯，我也要求学校的其他管理者，要把教室当作自己的"第二办公室"。

课堂很纯净。走进去后心无杂念，能安静地琢磨教育，琢磨课堂教学。尤其是能即时捕捉教师和学生在课堂中生成的问题，也因此能引发我的教育思考。所以，我还把课堂说成是"教育思考园"，从中可以采撷许多灵感。

课堂很神圣。我一直是以敬畏的心态对待课堂，执教时不能马虎，听课时必须认真。所以，尽管许多时候事务缠身，但我心在课堂。

课堂是我的"快乐老家"。

课堂情感方向标

课堂是有情感的。朱小蔓博士曾说：在我国的学校教育中，学生由于学业负担沉重而缺少师生、同伴之间和谐温馨的依恋，缺少社会生活参与的机会与兴趣，其喜怒哀乐情感所系主要源于教学活动中以分数为唯一衡量指标的片面评价系统，学生的眼界胸襟十分狭小，这不能不影响其情感世界。

当今，在强大的应试壁垒下，在繁重的学习任务下，课堂的情感问题尤为突出。于是，《中国教师报》李炳亭先生与褚清源先生便在杜郎口经验下，力推高效课堂。其实，高效课堂并非只是解决了一个课堂效率的问题，而是以提高课堂教学效率为突破口，以学生自学、教师导学为教学模式，激发出学生内在的无与伦比的学习动力，并由此达到自然而生的优异成绩。这里的关键便是构建了一种课堂情感态度，其向度便是积极、和谐、向上的集体态度。

在高效课堂中，集体态度是什么？是合作，是愉悦的合作。这是社会对现代教育思想的需求，也是教育与社会发展产生的共振。所以，我们从高效课堂中看到全体学生参与过程中获取的那份激动，便可以对比和检讨传统课堂中情感方向的问题。

曾经听过一节记忆犹新的老教师的语文课。这是一节很传统的课，不可否认是灌输，是很成功的灌输模式，学生与听课者都无不折服教师的口才表达和教学技术。如果以考试为基本目的和任务来看,这节课是可以肯定的;如果从课堂情感来看,学生已在"被接受"中"习惯已久",并被这位优秀教师"征服已久",所以,情感也似乎是属于积极状态。但我以为,从新课程思想的角度来考量,这节课的情感方向只能说是"积极向下"的,因为教师没有引导和撬动学生的主动学习意识。

在高效课堂中,学生个体的态度是什么?是愉快,是受到尊重之后和有地位之后的愉快。曾有人半开玩笑地说这是"翻身做主"后的愉快,或许这样的表述也不为过。但最恰当的比喻是"自己嚼的馍香",这是自学者的切身体验之谈。

高效课堂的点睛之处是教师的导学和评价。这是课堂构建学生个体学习态度的关键,也是教师主导作用的体现,是课堂凝聚的教学效果提升的表现。我们更看重的还是在这样呈现着现代教育思想的课堂中,教师对学生情感的把控,使学生通过学习爱学习,通过学习会学习。也可以肯定地说,教师在课堂中把学生教得喜欢学习了,这就是课堂情感方向标的指向。

在高效课堂中,教师的态度是什么?是享受,是对教育工作的高品质的享受。当然,我们并不否认在传统课堂中教师的教学也有享受,但若从教育的使命感和现代感来看,高效课堂中学生的主动意识的唤醒,犹如对生命的礼赞那样让人感动和欣赏,那种欣赏之后的升华绝非以往的课堂可以相比,所以,这属于高品质的享受。

当然,对于那些把教学当作任务来看的教师,把分数看作"唯一享受"的教师,在课堂中是无法追寻到这样的教学享乐的,因为任务是有压力的,分数是期待之后的事,而过程是艰苦的。反之,在高效课堂把握极好的情况下,过程与结果的统一,会给我们教师在课堂中以"精神松绑",让教师与学生一同享受着教与学的快乐。这便是教师在课堂教学中应有的和应该追求的情感方向。

快乐教育与高效课堂说法不一,但价值取向是相同的。前者是从教育教学思想和态度出发,后者是从课堂教学技术出发;前者在小学阶段提出并以相应的制度落实,后者在考试压力极大的中学运用最适合。但二者是殊途同归,都是立足于现代教育思想,目的都是培养学习情愫与能力结构均能适应社会发展需求的人才。

高效课堂需要对话型师生关系

传统的学生观下,洛克认为,儿童"就像一张白纸,可以任人随心所欲地涂写或塑造"。这就意味着,教学就是灌输,教师因知识而霸权,因霸权而中心。虽然,这一落伍时代的教学思想早被一些教育发达的国家所抛弃,但在我国却因高考问题的痼疾,多年来成为学校课堂教改的羁绊。

为什么会是这样?一般认为是目标定位的问题,是因为我们的学校和老师把教的目标和学的目标捆绑后,直接对接到高考上去了,而不是为学生终生发展确定教学目标。于是,为了高考,造就了以教为中心、以分数为目的的应试教育模式。显然,这样的做法很急功近利,可毕竟对于学生和家长而言还是"有利可图"的。

那么,能否找到一个把当下和将来的"长短期目标"都照顾到的好课堂呢?我以为高效课堂就是在找寻这个结果,就是要把两个目标在合适的课堂学习模式下统一起来。

我们可以看看高效课堂的四个系列组合动作:独学——把初学权给了学生;群学——把交流权给了学生;展示——把表现平台交给了学生;评价——把评论权也交给了学生。

高效课堂在"夺权",在用一种"并非静悄悄的革命"方式,把教师的课堂霸主地位推翻,让学生走到真正的学习主体地位上来。于是,我们看到的是，在摆脱了经典学生观下"教师中心"的束缚后，走向了现代学生观下"学生中心"的地境。

高效课堂在颠覆原有的师生关系，使学生从知识的被动接受者，成为获得知识的主动参与者。而且，从现代课程理论上讲，学生不再囿于教师和教材设计的"跑道"，成为学习经验的创造者。于是，对比传统课堂，我们解决了学生"想学"的问题，并在过程中也构建了"会学"的能力，最终的"学会"甚至是"学好"只是一种必然的结果。这样下来，"想学"、"会学"便实现了我们的学校教育期望的长期目标，即终生学习素质的培养。而"学会"和"学好"便是当下所需，说直白了就是满足了高考所需。

事实上，在《中国教师报》李炳亭先生主推下的高效课堂中，那些已经步入轨道并健康前行的学校，不仅在课堂表现上和学生学习上都呈现出了一派生机，而且，在学生参加的各种考试中，也以优秀的成绩为其明证了高效课堂的先进性。

尽管师生关系改变后我们看到了教育的美丽，可有些理性的概念还需思考，有些困惑于我们的问题还要进一步搞清楚。如，"学生是主体，教师是主导"，这个谈了二十几年的"双主说"还能再说吗？又如，有的学校干脆就用"学生是学校的主人，是学习的主人"的说法，把教师、教材和环境划到了"中心以外"，这是否合适、合理？

我以为，这里有一个逻辑问题在作用我们的思考，也就是总在主客体二分的哲学下去构建关系，或以传统和经典教育下的教师中心，或以现代卢梭和杜威理论中的儿童中心。但是，后现代主义并不认同这两个中心论。认为教学应该是一种生态，教师和学生应该共处于同一个生态场中，应该是一种平等和谐的关系架构，既不存在"教师中心"，也不存在"儿童中心"，并且教学活动应该是一个动态的、生动的、多元的对话过程。

基于"对话者"之说，课堂中教师当然就不再是知识的传递者，不是拿出真理传递的人，而是帮助学生发现问题，激励学生解决问题的引导者，或是顾问，或是交换意见的参与者。研究后现代主义课程观的威廉·多尔认为，教师无疑也是一位领导者，但仅仅是作为学习者团体的一个平等成员，最多可以说是"平等中的首席者"。

总之，用后现代主义的学生观来解说高效课堂，除了确定师生关系是"平等的对话者"之外，最重要的就是对生命的尊重，就是还原课堂的"生命态"。正是如此，我们看见高效课堂让"生命狂欢"了，也给学生还权了，可惊喜之后，还必须坚持一个平等的师生关系，这才能让教师真正地走向有创造的工作领域，才能体现出人本主义的课堂哲学。

学贵在问

好课堂中有一种气场,其中充满了问号。这是我站在学贵在问的角度,也是基于现代教学观,对优秀课堂的一种认定。

正是如此,我对课堂教学和学习归结了下面一些说法:

1. 把问题讲没了的老师是有问题的老师;
2. 没有问题的学生是不会学习的学生;
3. 谁会发现问题,谁就是最会学习的学生;
4. 最好的课堂效果是从学生发问开始;
5. 好课结束时不是"句号",而应该是"余音绕梁",激发出更多的"问号";
6. 最优秀的老师不是"权威释疑者",而是当好"二传手",把问题转交给学生们;
7. 只有老师有权提问学生,不许学生向老师发问的课堂不是好课堂……

从上可见,以往的"答疑解惑"模式下的老师,应该属于"知识传授型"老师,不以发展学生的能力为目标,其教学价值取向与现代教育不符。而衡量老师以及课堂教学的一个角度,或许就是"看问题",看课堂中充实了多少有品质的问题。

学贵在问不是什么新观点,古来学习的关键都在于问,求学就是

"问道"，学问本身就是要首先学会发问。后来因为班级整体授课制的兴起，人们在习惯中把"问课"演变为"听课"。显然，稍加分析就会看出来，"听"是被动，是接收，"问"是主动，是求学。现代社会转型后需要的人才是会学习的人，所以，我们的课堂教学也必须"因变而变"，否则就是落后，就是顽固不化。

高效课堂的课改究竟改变了什么？我们如果从大处去谈这个问题，那么，至少有三点：首先，高效课堂改变了教与学的关系，是真正意义上的以学为主；其次，高效课堂改变了师生关系，充分体现了对生命的敬畏，包括对人的尊重，以及体现出了师生之间的平等地位；再次，高效课堂还改变了原本的课堂结构，回归了学习的原生态。最后一点很实际，课堂中种种发问、设问、互问、追问，充分激活了学习过程的那种完美和唯美，也由此呈现出了学习场中生命激扬的氛围。

相比之下，传统课堂的样子很"乖巧"，看起来不错，学生安静、端坐，包括专注于听讲，似乎一片祥和的景象。当然，在如此的外表和谐下，教师是很轻松的，只要课堂没有学生随意插言，教师就完全可以按教案备课完成任务。这就好像领导讲话，拿着事前准备好的讲稿，照本宣科，万事大吉。可如果领导坐在新闻发布会的主席台上，面对事先没有准备的记者提问时，这就难了，需要真功夫。

正是如此，真正意义上的高效课堂，尽管也有模板，也有基本框架，但装入内涵的课堂过程却很灵活，谁都难以预料在课堂学习中会出现怎样的突发问题，尤其是学生在思想解放下，在小组学习过程中，给教师出一些难题是极其正常的事。所以，没有真功夫的教师是担当不了高效课堂教学的，尤其是面对充满课堂的一大堆问号。

所以，我的观点是，好教师必须敢于直面问题，善于给学生埋下问题的"种子"，并让课堂因问题而精彩，让学生因学会发问而成长，让问题在解决中再生，让问题与学习同行。

宽容"不漂亮"的展示

遵循"高效必先实效"的原则,把课堂展示的过程落到实处、收到实效,首要问题是找准落脚点。找落脚点很简单,是从展示的目的出发,反推到展示的操作。所以,我们首先要辨析的是:高效课堂为什么要强调学生展示?继之可问:传统课堂中教师提问,学生回答,算不算展示?高效课堂的展示仅仅是"兵教兵"吗?

其实,对上述问题的解答并不重要,重要的是由此引发的思考。"课改的本真"告诉我们,展示环节不仅要学生"学会",还要让学生"会学"和"想学"。我们可以由此来分析课改中展示环节的问题。

第一个问题是:小组展示是唯一的方式吗?

事实上,现今的高效课堂中,小组展示确实被许多学校给高度的模板化了,展示成了"舞台"。殊不知"舞台"属于"优秀的表演者",也就是小组中的佼佼者占有,这好像就是传统课堂中老师的角色呀!那么,小组中的学习"慢行者",或叫弱者,就很难登上这个"舞台",就常常躲在了被大家遗忘的角落里。

所以,我认为展示不该认作"舞台",而应该是"平台",是对所有学生,体现学习公平的可表达学习心得机会的平台,不是制造"南郭先生"的教学误区。而且,有时不妨换一种方式,不以小组的方式展示,可否?

第二个问题是：学生展示可以替代教师实现知识目标的落实吗？

课改中就有老师说，学生自学、群学后的展示真好，不用老师再讲课了。诚然，若以原来的讲授式教学作对比去看这个问题，教师退位，学生进位，这对于发展学生的能力，转变教师的角色是可圈可点的事。但实际上，这也是对展示在学习过程中作用的浅解。因为展示的作用绝非于此，展示的过程不能僵化回归到"学生当老师"，然后再造出"新瓶装旧酒"的传授模式，而是要把展示与讨论、评价进行互动组合，让展示的过程体现出为学习的动力系统充电的效应。

第三个问题是：可以允许展示错误吗？

不仅我们的老师不喜欢让学生展示错误，小组的学生也是如此，总会在展示的环节中表现出自己小组的"最美面孔"。但这恰恰违背了成长的原则，因为错误变成教训，以及挫折砥砺成功是学生成长的基础养分。而我们作为课堂"导演"的老师，包括小组学生在荣誉的名义下，吝啬地把犯错误的机会都给剥夺了，这不科学。

基于上述，就如何展示我也提出三条建议：

第一，为了引起"争端"，教师有时也需要小组中的"学习弱者"，也需要宽容"不漂亮"的展示，让课堂返璞归真，用争辩完善课堂的学习过程。

第二，不要拘泥于课堂展示的完整板块，要随机应变穿插评价、研讨等学习方式，让课堂充满活力体现自然。

第三，不要用知识目标和完成学习任务束缚展示，敢于让展示做到展开，从课堂情感层面上，把展示的功能拓宽。

从高速公路到高效课堂

习惯于佐证说明,我爱把这两件似乎不相关的事情放到一起对比。

高速公路因创设了平坦、无障碍的环境,所以,行者高速。高速度下便节省了时间,而对于行者而言,时间就是效率,于是,亦可谓之高效。

高效课堂同样如此。因为在这样的课堂中,我们还给了学生学习的自主权,还给了学生的课堂话语权,还给了学生对学习成果展示的评价权。那么,这样的作为道理何在?我认为这是为"让学生成为学习主体"创设的环境。所以,当学生真正无障碍地成为可以驰骋在学习之道上的"学者"时,也就如汽车行驶在高速公路上一样,其高效无疑。

高速公路还有一个被人忽视或不解的现象——没有很长而笔直的路段。为何如此?因为司机的眼睛长时间地看无限远方,会产生一种视差,把近处的东西看成是远方的,对安全行车极为不利,产生驾驶疲劳。所以,高速公路的直线段一般限定在 3 公里到 6 公里。

高效课堂的课改推进是以模式开始的,尤其是初始阶段,很强调模式的导入和模式的建构。但是,我认为同样需要注意的也如高速公路,也有"直线疲劳"问题。具体说,当模式不变、僵化,日复一日、课复一课后,就丢失了变化,甚至丢失了教师,只剩下模板,那么,学生的学习是否会再度陷入"结构疲劳"？这便是问题所在。

当然，如从易经文化来理解，变中有不变。这个不变应该是"学生的主体地位的体现"不能变，变化的是课堂的框架内结构。如此，高效课堂才会在不断前行中保持"安全"，保证实效。

另外，高效课堂还需要思考的问题是，高效内涵中的效果、效率、效益。

效果是毋庸置疑的。学生在课堂上展现出了"生命狂欢"的状态，经受了考试的检验，构建了学生"想学与会学"的品质，这都足以说明高效课堂效果表现极佳。

效率与效益虽然是很企业的术语，但在高效课堂概念下也是成立的。

其中，效率我们可以认为是学习任务与所用时间的比值，而这点在高效课堂中体现得尤为明显，大凡善于自学的人都有体会，都会感受到教师讲授课堂下的低效，都曾在听课的忍耐中寻找自己想要的精华。而高效课堂要求的就是教师少讲、精讲，旨在点拨、只讲精华。

效益是投入与产出之比。当然，在学习的范畴中，这点很难说清楚，不可量化。但在高效课堂中谈效益是有意义的，因为高效课堂的学习效益不是"产出学习的分数"，而是"产出了学习的品质"。这个品质无价，是受用终生的内在的"足赤足金"的品质。所以，我认为，高效课堂的高效首先指的是高效益。

高效课堂中的"标点符号"

课堂中最多的"标点符号"是"问号"。在以学生为主体的课堂里,问号是由教师激发,从学生头脑中"走"出来的。当然,有时也包括适时适情由教师置疑,但最佳的课堂表现应该是把发问权还给学生。

许多教师误以为课结束了,应该是完整、完美的,要以"句号"结尾,尤其是经验老到的教师。但我不赞成这样的说法。我认为真正的好课堂,结尾产生更多的"问号"才好。甚至在有些情况下,恰恰是新教师的误打误撞,给学生无意留下了不少"问号",让课堂的未竟思考和讨论延伸到了课下。

"句号"使用权不应该只是教师

传统说法的"传道、授业、解惑",事实上赋予了教师一种权威,就是知识权威——对课堂教学中所有问题的最终解释权,也是行使课堂"句号"的所有权。于是,"给学生一杯水,教师就必须有一桶水"的说法得以成立。但这却是"灌输式"教学的说法,与现代课堂的教学思想差距甚大。

现代课堂的人性所在是"一切为了学生的发展",是把思考权、发问权，包括解答权和评价权都交给学生。所以，学生也可以在课堂中去用主动学习的态度和勇气大写"句号"。

"省略号"在课堂中是必需的

巩义康百万庄园的门匾只有两个字——留余。课堂教学也是如此，也要给学生留下必要的思考空间。包括学生会的知识可以不讲，也包括教师在解答问题时留下一半话，给学生留下独立完成问题的机会。

然而，许多老教师唯恐讲不完整，唯恐留下"老师没讲"的遗憾，似乎"留余"是教师没有尽责。实际上我们经常在考试后听见老师遗憾地对学生说：我都讲过了，你们咋还做错了？这是因为老师是在灌输，学生在被动下未必有效接收。反之，若教师大胆使用"省略号"，学生就会主动把教师省略的部分填补完整，这样的学习，效果反而更佳。

课堂不时涌出"惊叹号"

当我们把课堂的学习权、置问权、解答权、评价权还给学生后，教师一定会惊讶地发现学生的成长，一定会用"惊叹号"去赞许学生。当然，在学生小组展示学习成果时，因为"自产自销"，因为"互学相长"，也会由此引发学生对自己、对他人的欣赏和惊叹。

所以，课堂中的"惊叹号"很美，是学生学习的动力展现。

高效课堂十二点

　　高效课堂从课堂教学的结构改变出发，改变了课堂教与学的关系，改变了师生之间的作用关系，也改变了教育思想。

　　但是高效课堂改变不了我们现今的选拔式教育机制。

　　所以，高效课堂最终应该做到的是，通过教与学的改变，使学生学会学习，并在会学习和想学习的积极态度下，取得好的学习成绩。

　　这样下来，我们必须认真研究和把握高效课堂在操作层面的一些问题，而不能简单地"照猫画虎"复制模式。以下从战术角度对高效课堂进行分析和归纳，谓之曰"高效课堂十二点"。

1. 出发点：结构

　　化学说，结构决定性质。课堂教学的结构改变了，课堂教学的性质就必定改变，由"教堂"到"学堂"，由被动到主动，由配角到主角。

2. 立足点：会学

　　这是洋思、杜郎口求变的初衷。其价值取向与现代课堂教学思想是一致的，是以培养学习能力为立足点的改变。

3. 撬动点：想学

因为会学所以学会，因为学会所以想学。高效课堂构建了一个因果联动关系，而且切中目前我国初中阶段学生在学习上存在的核心问题。

4. 着眼点：高效

从自学到小组讨论，从导学案的设计到教师的把控，从展示到评价，从课本的内涵到展开的外延，从教师的少讲到学生的精练，诸多环节的设立、控制及运行都本着一条原则——高效学习。离开了高效学习的目的，高效课堂就会偏离预期的轨道。这是我们课堂教学中应该聚焦的概念和问题。

5. 着力点：评价

学生评价学生，教师评价学生，以及评价后的再评价，这些环节都透出课堂的品质，都装载了学生学习的力度和教师的智慧，也是决定一节课成败的关键。

6. 闪光点：展示

新课堂中的展示，对学生而言就如生命的狂欢，是学生自己的"产品"上市，是渴望成功的期待。这一刻便是课堂的高潮。

7. 落脚点：检测

说白了，是应试教育催生了高效课堂，而高效课堂又力挺了素质教育。所以，无论怎样，最后还要走进现行考试模式的窠臼。但这里可贵的是过程中学生得到了素质的发展。虽说分数是副产品，但这个副产品却是当下的所需。

8. 落实点：自学

小组在课堂上那短暂的按导学案自学的模式是需要商榷的，真正的自学贵在独立，是构建独立思考的经历，否则，仅仅在课堂中表现抑或是表演，则很有可能造就了"南郭先生"。所以，建议新课堂下的课程表内应该给学生一些很安静的自习课，就是没有老师在前面絮絮叨叨的自习课，让学生有真正属于自己的时间去消化导学案。

9. 提升点：教师

高效课堂模式因为没有约束让所有的老师都能轻身而入，尤其是新教师也能轻松走进课堂享受成就和喜悦。但问题就在这里，恰好是有思想和智慧的老师才能提升课堂品质和高度。这里并不排除在传统课堂积累的一些相关教学经验和技术。所以，高效课堂在本质上需要的不仅是教师要注入新的教育教学思想，也要有高超的教学技艺。

10. 关键点：交流

交流不仅于小组讨论，还包括全班的展示与评价环节。这是可以用现代信息论来解释的问题，是构建多元信息碰撞的课堂结构，所以，课堂中呈现的各种观点、叙述、辩证都是决定课堂质量的关键。如果小组交流和全班展示仅仅呈现了形式化，缺少深度思考、再交流，甚至交锋，则，课堂便没有了高度和深度。或许有了横向的宽度，但过于扁平。

11. 问题点：乱堂

这是高效课堂模式下的最突出问题，是教师把控技术不到位的表象，也是一些持有保守观念的学校领导和老师，以此来攻讦否定课改的理由。所以，这又一次说明了高效课堂不仅是模式与流程的问题，不是像工厂加工产品那样，给你一个模具就万事大吉，而是要求使用模具者必须有高超的技艺。

12. 制高点：情感

高效课堂不同于和先进于传统课堂，它颠覆了传统课堂弊病的地方是——保护了学生的学习积极性，能给厌学疗伤。这不仅有现实意义，重要的是功在未来，给学生构建了一种对学习的深度感情，以及终生学习的情感品质。

"角色转变"与"还权"

课改中,最怕的是知道以学生为主体的口号,但不知道如何让口号变为行动。但如果我们深谙课改的行进方向时,就不必困惑于课堂布局的环节、步骤和形式。

所以,我们在展开这个话题之前,先要确定的是两点:第一,坚持在课堂学习中以学生为这一活动的主体,甚至可以叫做"主人";第二,教师是为学生学习服务的"客体",尽管"客体"这一说法会冲撞了教师的自尊,但这是课改之道。

既然学生是课堂的"主人",那么,我们作为教师将面临的首要问题就是,如何给"主人"以地位和权利。

我以为,至少有五项权利该归还给学生:

1. 初学权:每一单元或每一课的第一次初读、初学应该属于学生,而不是由教师拿出教材告之学生——"我们今天开始学习……"这便是"主动与被动"的问题,也是"主人与从人"的问题。当然,放给学生这个权利并不难,难的是我们的观念和惯性的改变。是我们教师常常忽视和低估了学生自学的本领,尤其是面对小学生。当然,这也是因为以前习惯把学生当作"装载知识的容器",说到底还是不懂得教育是在于培养学生的自学能力。

2. 发问权:孔子当年落实因材施教的做法就是,不同层次的学生都可以自由向老师发问，之后孔子或直接回答，或带领其他学生讨论。《论语》便是孔子教学记录，不仅记载着孔子的教育思想，也透出了孔子的教学方法和过程。而2000多年后，我们汗颜的是，在现代教育思想的名义下，我们竟然还得向孔子要课堂教改方法。

回到我们现在的传统课堂中，看到的多是教师提问质疑，学生只有回答的权利。这里何谈学生的主动和主体！所以，在课改中如何激发学生发现和提出问题是很关键的做法。

3. 解答权：这是在发问权得以兑现的后续，也是教师大度地"退居二线"，把回答问题的权威和机会让给除发问之外其他学生的最佳表现。虽然这个做法不难，但对于名师的惯性，管住自己的嘴，也需要一定的自控力。

4. 展示权：展示权就是发言权，就是学生将在自学或小组学习中的心得体会展示给全班，让大家去公论、评价。当然，展示的手段既可以是口头表达，也可以是板书呈现。这不重要，重要的是把一个原本属于教师的归纳总结权利放给了学生，就像把舞台交给了学生，让教师"长袖善舞"的"技痒"受到管控。

5. 评价权：最难放下的是教师的评价权，在发问质量上，在解答水平上，在展示成果上，教师都容易居高临下地指点江山。这也难怪，教师是先生，是先于学生的知识长者。所以，放下最后一个高度上的权威是很难受的事。但我们可以看到的是，如果评价的活儿也给学生了，这样的课堂会是啥样？一定是全盘激活，一定会展现出学习的激情澎湃，一定会出现"生命的狂欢"。对此，我们何乐而不为？

权利都没了，教师还干啥？

这是必然的问题，但也正是课改能否成功的关键点。我的观点是，教师承载的是恰恰比传统讲述课堂更重要、难度也更大的职能。

教师成了"教练"、"导演"、"舵手"、"拉拉队长"。

简单地概括来说，在给学生初学权之前，教师（集体备课下）要为学生制订"导学案"，也就是自学计划，要精要地点到读书自学的要点在哪里，要启发学生可能的问题在何处。而在课堂进行中，教师的职能还在于如何激发学生发现和提出有质量的问题，如何调动学生参与解答问题的积极性。当然，在展示和评价中，教师的适当调控、把握方向也是必不可少的功夫所在。特别是有经验和有教学艺术的教师，在课堂讨论和总结评价高度上不去时，以及在课堂结尾余味不足时，包括在知识外延和广度不够的情况下，教师的点拨、伏笔、提升，这些驾驭课堂的能力和知识水平，便成为学生课堂学习质量的保证。

总之，教师主动转变自身角色是课改的基础，放权给学生是课改成功的关键。这是我们能否把课改落到实处的问题，也是课改的基本走向。当然，无论如何课改，还有一个学习成绩检验的环节。但我相信，只要我们不在形式上搞花架子，只要我们放开手了，课改早期学生可能因习惯使然，还不会自学，不会讨论，不会主动发现问题，以至于会在一定时期内影响到暂时的成绩，但最终会因学习态度的转变和学习能力的发展，赢在永远。

"自学"与"独学"

"自学"与"独学"是高效课堂中常说的两个概念，并且很容易混同。然而，细酌下来，二者有所不同，前者很泛义，是针对传统讲授下学生被动学习模式而言，涵括着学生小组学习在内的一般说法，而后者说的才是真正的个体独立的学习模式。

我很喜欢"独学"这个说法，因为这是高效课堂达到实效的支撑点或叫落实点。为何这样说？道理就在于我们的教育评价是"独考"。这好比成语"滥竽充数"的故事，南郭先生就是经不起"独考"的人。

所以，独学很实在，是把我们的课堂学习落到实处的关键所在。

那么，为了确保独学的效果，我们在推进高效课堂中应该如何做？我觉得至少有三点需要老师们把握：

首先是确保在课堂上给学生创设安静的独立自习时间。在学校里就是做到真正的自习，是自我学习，不是所谓的讨论式自习。细细想来，班级授课制的一个问题就在于此，济济一堂就会无法拥有独立学习的空间，人数太多就难免相互干扰。而事实上，学习真的很需要静心和潜心。当然，这绝非是排斥合作学习和讨论，而是说独学是合作、讨论的前提和基础。或者可以定论，没有独学的基础，就没有合作与讨论的成功。

其次，充分发挥学生在家庭中的学习实效。家庭是自然的独学环境，对于高效课堂主旨下的课改，家庭中的学习时间和内容如何计划很重要。

以往在家庭中更多的是完成教师设计的学科作业，这纯属于是在被推进状态下的任务型学习，缺乏自主空间。所以，为了提高高效课堂的学习品质，我建议教师们要注重和把握好家庭学习的功效，要把需要独学的导学方案用到家庭独学过程中，因为这个环境难得。

再次，对独学效果要强调在学习进程中检测。刚开始课改时，许多老师担心的问题是，一些学困生会在热闹中凑热闹，而到了考试时就原形毕露，以至于让一些老师对课改产生异议和丢失信心。这样问题的出现就是独学没有落实，也是在过程中教师缺乏把控的技术，只被小组展示的浪花效应遮住了视野，忘记了隐藏其中的独学不到位者。所以，高效课堂中的教育公平很重要，教师的作用在于发现和调控，也就是说教师要目中有人，要阳光普照到所有的学生，要随机检测那些独学困难的学生。这样才会保质保量地把学习效果落实。

作为结论，只有一条，独学是对学、群学的基础，独学是课堂学习的质保。

让考试变得可爱一些

没有谁在应试教育中不把考试作为向学生要成绩的利器,也没有谁敢在高效课堂中不重视考试,但有没有谁能把让学生很烦的考试给予颠覆,并让学生爱上考试?

这是一个并不轻松的命题。

这个问题必须从考试概念的原点出发才会有解。

考试就是一种对学习的检测和评价,也是对学习过程一种阶段性目标管理。所以,考试的必要性不可怀疑。可实际上,在当下的基础教育中,由于考试的频繁,考试题的难度,以及考试后的评价技术问题等,使大多数学生出现了"畏考如虎"的心理压力,这便是问题。

但这不应该是问题。就像运动员经过训练后,产生跃跃欲试的竞赛心理。就像习武之人,非常渴望寻找对手一比高低的想法。学习也当如此,也应该具有一种个人能力展示的健康心态。可实际情况并非如此,所以,我们当思考,问题出在了哪里?

我认为也如高效课堂所言,一切问题都出在"课堂关系"中。以往考试和学习都存在着一个共同点,即教师处于课堂"霸主"地位,学生处于被动地位的问题。如今,在高效课堂中,学习方式改变了,学生成了学习的主人。可考试依旧,仍然被教师霸占着"命题权"、"评卷权",甚至"排名权"。

鉴于此，我在不久前一次为阜新教育局组织的高效课堂培训中提出：敢不敢进一步放权于学生？敢不敢把传统考试的形式颠覆？也就是解决一个"谁命题"、"谁考谁"、"谁评卷"的问题。

具体说，我的策划是，在单元检测环节中，教师把出题权交给学生。每个小组在集体研究下各出一套检测题，包括标准答案，然后交互考试。也就是A组出的题考B组，B组出的题考C组，这样循环交替。当然考试必须要"独考"，考后的评卷也要做到，谁出题谁评卷。

这一做法中的教育含金点在哪里？我分析至少有三点：

1. 小组命题的过程本身就是一次最有效，或者就是高效的单元自学总结。这属于学习技术层面的问题。

2. 要求每个学生都认真批改一张试卷，并对错题做翔实的订正，写出整个卷面的评语。这里体现了学生之间的认真负责精神，以及锻炼学生之间的书面交流能力，是一种态度层面的问题。

3. 由于每个学生都是命题者，也都是被考者，所以大家的关系很平等，不像以往的老师当"考霸"，学生"被烤焦"的情况。所以，这样下来，学生一定很主动，也会由此喜欢上考试，这又属于情感层面的问题。

甚至，如果教师再放开一些，还可以让各组学生组成一个"命题联队"，出几道难题考考老师如何！之后，在学生兴奋之下，老师这时候再拿出自己出的题和全体学生PK一把。试想，这样的考试，学生能不喜欢吗？

所以，我认为考试也当改革，也当与高效课堂的文化一致，也可以通过我们彻底解放思想，把原本的单向考试和考试主宰权颠覆，让学生像运动员喜欢赛场一样去享受考试，让考试变得可爱一些。

蒙台梭利教育与高效课堂

别以为蒙氏教育只是幼儿园的事,只是基于儿童早期经验的积累,只是在构建自由与发现。其实,百年蒙氏的教育思想很贯穿,很现代。特别是在美国,延伸到基础教育领域的蒙氏教育学校已经有1000多所,而且都属于各地区的精品教育。这足以说明了蒙氏教育的不朽和现代。

所以,基于蒙氏教育在更广泛领域中发展的意义,我认为有两个要点能在现代课堂中予以解释:

其一,属于理念层面的基本教育观:蒙氏教育认为"儿童的发展是个体与环境的交互作用"。其二,属于操作层面的学习主体观:蒙氏教育提出"自己做和做自己"的教育行为观点。

这两点恰好可以对比我国目前应试教育下课堂教学之弊病,也恰好是当下我们推进的高效课堂中得以解决的问题之关键。

作为批判、对比与分析,我们不能不先从传统课堂的教学思想问题说起。

传统课堂教学以灌输为主,主要问题是无视学生个体,更无从谈起给学生以适合发展的课堂学习环境,所以,在没有课改的课堂中学生的地位很从属,是以考试为唯一目的,以教师和教材为本的学习范式。

批判之后的发问是,何以现代仍然代表着先进教育思想的蒙氏教育,竟然领先于代表传统课堂教学的前苏联凯洛夫教育思想50年？而凯洛夫五环节教学模式竟然也主宰了我国应试教育课堂50年？

并且，我们一直在谈课改，一直在口诛笔伐传统教育，但实际上却没有动作或只做一些小动作与假动作。难道这仅仅该归罪于应试的机制在禁锢思想，让我们裹足不前吗？

再看看高效课堂的课改吧！当我们大胆还权，把初学权交给了学生，把发言权交给了学生，把评价权也交给了学生之后，我们教师在做些什么？我认为是在"创设环境"，主要是在创设学习的人文环境。这好比蒙氏教育在儿童积累经验过程中提供和投放的"生活环境"和"教具环境"，只不过在我们课改中更多体现为一种高级学习环境的构建。而对比下来，高效课堂与蒙氏教育最相吻合的就是关注了学生的个体存在，也创设了学生个体与课堂环境之间的交互性发展关系。

简单举例，传统课堂也有语言环境，但很单向。是老师权威的提问，学生被动的回答，很像"法庭对话"时的语境。而高效课堂则不同，没有权力单向归属，学生可以质问，学生也可以回答，教师可以点评，学生也可以辩评。这样的课堂是一个信息撞击圈，也是一种个体与环境互动互生的过程。所以，从这点来看，恰好是体现了蒙氏教育发展的基本教育观。

另外，从高效课堂的学习行为方式上看，我们强调的自学、小组讨论，包括个人学习心得和小组讨论心得的展示，这些课堂学习方式与蒙氏教育提倡的"自己做与做自己"观点非常一致。尤其是在展示环节放大效应下，在宽松的思想解放下，学生很有"当家做主"的感受，很有"做自己"的舒展空间。

然而，当我们用蒙氏教育思想诠解高效课堂之后，还应当对历史进行一下反视，因为，蒙氏教育历经百年也曾有过争议，甚至遭到诋毁。主要是在上个世纪中期，从苏联的凯洛夫、赞可夫到美国的杜威，以不同的教育思想影响了世界教育数十年。但随着社会的发展，随着信息社会和知识更新的速度加快，也随着人才结构需求的改变，人们逐渐发现了教育掣肘社会发展的问题。而此时再度审视蒙氏教育，我们发现，蒙氏教育的核心理念正是我们现代教育的所需。

总之，在蒙氏教育思想下，我们从教育比较的角度来看高效课堂，其理论落脚点和现实意义的存在，都是我们坚信和笃行的基础。因为，我们站在教改的前沿。

谈"不吝赐字"

近日走到班级，随意翻阅了一些孩子们的作业本，对老师们的批改有一些想法，并把我的思考和曾经的做法与大家做以交流。

其实，在半个世纪前，我们的教师批改作业与现在也是基本相同的，无非是那些司空见惯的红笔对错号，加上结尾的分数和时间。好像现在连分数都少了，更多的就是一个"阅"字，而这个"阅"字又总让人会联想到领导看文件。

由此，想到了40多年前，我在小学二年级曾遇见一位刚毕业的汪老师，虽然她仅仅给我们代课不到两个月，却留下了很深的印象。印象之深并不是她讲课如何生动，而是她每次给我们批改的作业与众不同。

汪老师批的作业从来都是一丝不苟，连我们这些小学二年级的学生都会真切地感受到。为何？就是因为她每次批改的作业都要多写上几个字。有时是在我们写得不规范的生字旁，用红钢笔给我们认真地写出一个标准"范字"，以便于我们对照。但更多和更有趣的是汪老师每次在作业后面写的几个字。一般是"很好"、"你进步真快"、"字写得真工整"，有时老师的评语也会再多一些，甚至是一段话，如，"近来你听课很专注，所以进步很快"，"你每一篇作业都写得很满，懂得节约用本，真好"。诸如此类的评语是让我们感兴趣的，所以，只要是汪老师发下的作业本，我们都争抢着看，看老师给我们写了点啥。要是谁的作业本老师写的字多些，谁就会感到很自豪，会拿给别人看看。

想想看，那个年代的教育模式是比较严肃或比较苍白的，没有教改一说，也没有以学生为主体的教学思想，更没有听说过什么"赏识教育"，所以，我们幸遇汪老师。多年后我理解，汪老师是在享受教育工作，是一种把教育融进了生命意义的精神境界的作为。

后来，当我从教时，这种影响一直跟着我。每当拿起学生的作业本时，就像和学生在对话，也总是在批改之后想着留下几句红色的"墨宝"。用我的话讲：面对学生的作业，一定要做到"批、改、评"，否则，只批不改，或没有评语，就是对学生的不负责，甚至言重一些，也是对教育的一种亵渎。

我也有一种说法，尽管老师面对一摞子作业，有时会负重如山，但想到了成长的学生那种渴望，我们就什么都没有了，只有责任，只有对生命的敬畏。于是，我愿大家能把作业当作与学生沟通的窗口，让我们和学生的对话在纸面上美丽起来！

强将手下出"弱兵"

听过许多有经验的老师讲课，课后竟然没有什么可以给我"说三道四"的机会。一般而言，此为好课。重点突出，课堂结构合理，问题讲解和处理得当，学生课堂接受和反馈信息的情况良好。然而，在我深思后，又似乎总是觉得缺少点什么？或是多了一点什么？

曾经听过我校一节老教师的课，课堂中教师的讲述和学生的活动均做得很到位，无论是从哪个角度评价这节课都不能不说是一节成功的课。最后，老师问学生，大家还有什么问题吗？此时没人举手，因为该想到的问题老师都已经讲到了，而且无不仔细，把"解惑"进行到底了。所以，此课由此画出了一个美丽的句号。

课后，我的脑海中却一直萦绕着一个问题：是这些学生真的没有问题了吗？还是这些学生长期在这样"完美课堂"中已经失去了主动思考问题的习惯？

忽然惶恐！忽然警醒！或许是我们的老师在厚重的经验中，把课堂全部占据了，没有"留白"；也或许，这样的"知识咀嚼"，"细烂"的"食物"会使学生"消化系统"功能退化。

回忆当年我教高中物理，那时曾骄傲的是，任何难题，只要学生问，我就一讲到底，最后把数据结果算出来后，以胜利者的姿态自我欣赏一番，也在学生中树立了一个高大的形象，当然我的学生也由此对我佩服有加。可后来我遇见了教数学出身的特级教师刘兴奎校长,他的一个教研课题是"半命题教学"。简单说,他的教学总是留下一个"尾巴问题",让学生补充。同时他还有一个观点,每当学生问他问题时,他都"只讲一半"。而这所谓的"一半",后来我理解了,就是找到了学生的"问题障碍点",点到为止。

研究了刘校长的教学思想后,我曾有种感觉,叫做"醍醐灌顶"。当时正是武侠小说和武打电视剧流行的时期,我就用"武林高手"的"点穴"来形容刘校长的教学,那是功夫!而相比之下,我却惭愧,想着自己总是在学生中去"示强",总是不懂"弟子不必不如师,师不必贤于弟子"的真义,所以,我事实上是没有还给学生成长的机会。在今天说,这就是不符合新课程课堂教学思想的做法,是不重视学生能力发展的问题。

此当为戒!否则就是本题所言,强将手下出"弱兵"!

课堂流行语：棒、棒，你最棒！

现如今任你走遍大江南北的小学课堂，听到最多的群体语言就是"棒、棒，你真棒！"只要哪个学生的问题回答对了，老师就领着大家喊这个口号，并以有节奏的掌声相伴，用以鼓励。

诚然，在成长中的孩子非常需要鼓励，不仅是中国的孩子，不仅是东方的课堂，先进的西方课堂中这样的声音也常见，但或许不是"流行口号"，而是多种形式的亲切的对话语。

对话语不同于口号，对话语很简单，也很人文，不热闹，也没有模式。似乎，对于我们这样习惯于形式至上的传统文化的会有些不屑。正像中国学校的一些守则规范之类的就很"正统"，句句是真理，放之四海而皆准，不像注重实际的美国的学生守则，说的话"太像话"了。

当然，我不是在说"棒、棒，你真棒"不像话。事实上，谁第一次听到这样一种形式的集体评价都会耳目一新，会说老师很有课堂组织能力，很会鼓励学生。包括第一次被评价的学生更会激动不已。但是，若是到了第 N 次会如何呢？想想天天吃海参和鲍鱼的后果就清楚了。

但问题不仅在于形式固化，更重要的是如此评价语演绎后的理念偏差。

刚开始还是"棒、棒，你真棒"，后来可能是老师觉得不够给力，就把这话变成了"棒、棒，你最棒"。于是乎，仅一字之差，理念上却谬之万里。其问题就在一个"最"字上,因为这个"最"字很可怕,它会把孩子推向一个自我中心的心态地境。试想,如果每个孩子都认为自己才是最棒的,那么,在一个集体中谁才是最棒的?或许这是在构建强烈的竞争意识和自我意识,或许在相互忽悠中让学生的思想和行为一同"失真"。

我认为,真正的课堂应该是充盈着真实,应该有着平静的对话语境。而如上的浮躁,看似"很给力",其实"很乏力"。

第六篇
民校发展

上个世纪80年代末,已经在社会体制下消失的民办学校又悄然再现,脚步轻轻,似在小心探路。

到90年代,民办学校忽然大步前行。因为被冠以"社会力量",这力量是钢,是国家财政不足而转向民间寻求"钢需"。

于是,民办学校得到了"出生证",可面孔不一、良莠不齐。并在接下来的历程中演绎了生生死死的哲学,还把故事留给了后来者,成为前车之鉴。

当我提出"后补充时代"来临时,民办学校已经在渐变中找到了一种感觉,知晓了自己存在的理由,是补充公办机制的不足。

于是,方向、动力、道路等问题,一并在坚持者和后来者的智慧与实干中得到了注解。

于是,民校成为了"教育事业发展的重要增长点和促进教育改革的重要力量"。

民办学校发展的记忆与思考

从上个世纪 80 年代末,或者集中于 90 年代初,民办学校在新中国社会主义计划经济体制中,消失了几十年后再次出现,至今,已经在寒寒暖暖、生生死死中演绎了近 20 个春秋。其中,为其奋斗者和思考者都不乏会有些议论,而我的研究是以基础教育阶段的民办学校为主体,是身在其中而感悟一二。特别是在当前,面对公办教育的发展态势,也面对民办教育前行的方向性问题,需要我们这些实践者必须从生存与发展的角度去进行破局和重构。

"温故而知新",我把此前此后的民办学校发展历程分为三段来加以讨论:

第一阶段:闪亮登场

上个世纪 90 年代初期,随着民营企业的发展和市场结构的转型,教育也"开闸放水"了。于是,以沿海地区为龙头,形形色色的高档私立学校似乎还没有等人们醒悟过来,就忽然间出现在了大家的视野中。

说怪不怪,人们并没有过多的思考,就很快接纳了这个在中国已经销声匿迹了几十年的事物,或许是有私企为其开路的问题吧,尽管她好像还带着一些"姓社姓资"的问号。可细想起来,这是必然,因为在当时我国基础教育的硬件环境还是很糟糕的，而这些新兴的私立学校大都是投入很大，校舍条件很好，甚至超乎了人们的想象，远远好于当时公办学校环境。所以，如此靓丽登场的大型、高端私立学校，怎能不把人们的眼球吸引过来。另外，对于那些先富起来的人们，私立学校打出的"封闭、寄宿"这张牌，也是正中下怀的市场需求。再次，当时私立学校给教师的高出公办学校四五倍的薪水，确实也吸引了许多优秀教师的参与。于是，作为第一批民办学校的出现，犹如一团火，其势迅猛，也如雨后春笋，拔节而生，从沿海到内地，让中国基础教育格局因民办学校的出现而绽放异彩。

不容置疑，这些民办学校确实把中国基础教育的水搅活了。当然，在"鱼龙混杂"中，也不乏生命短暂者。其中，或因办学立足点不正，或因违背了市场规律者，或因过度商业化和过于急功近利，有些很快被淘汰了。这些在事物发展规律下被淘汰出局的学校，本身就是一种必然。也正是在这样的情况下，国家才出台了《社会力量办学管理条例》和《民办教育促进法》。

可以肯定，在跨世纪之前的这段时间里，我国的民办学校存在的意义在很大程度上是对公办教育的"必要补充"，而且事实也是如此，尤其在经济和教育相对薄弱地区更是如此。

第二阶段：借道行船

教育之水被民办学校搅活后，各地重点公办学校的投入力度加大。而与此同时出现的问题是，那些因种种原因倒闭的民办学校又在制造着负面效应，让社会对民办学校的信任体系难以建立。于是，在举步维艰的状况下，许多民办学校就不得不"曲线求生"，也是在各地"名校办民校"的潮流下，一些民办学校的举办者，为了生存，用"假民办"套路敛财于民，开始"以真乱假"，出现了"傍着名校"过日子的现象。

"傍着名校"也并非仅仅是挂个牌子的问题，而是基于这样一种思维，那就是想借着社会对名校积淀下来的那种信任度来解释自身的现象。于是，许多民办学校在这样的想法下就努力与公办名校并轨，包括课程的建设，管理的模仿，宣传的定位。一时间忘了自己的独特身份，只求生路，不问所以。

当然，在这一阶段，学得好的，包装得好的，也的确会活得很滋润。但有一点是肯定的，不管如何，这样做最终仍是一种"必要补充"，是因为公办优秀教育资源存在不足的空间。而没有忧患意识的办学者，后面等待他们的将是什么？就是等着"没必要补充"的情况到来，此时，出局就是一种必然。

这一阶段中，随着"名校膨胀"问题的出现，"教育公平"的呼声鹊起。于是，无论是在决策层面还是在教育管理层面，都关注了"均衡发展"的问题，包括"两免一补"的政策出台。于是，那些艰难行走在县镇一级的低收费民办学校，首先感到了危机到来。然而，任何怨天尤人都是无济于事的，因为说到底，这些问题的出现，并没有什么是违背社会发展规律的，都是在必然中，甚至对于睿智的办学者而言都应该是在预料之中，而绝没有什么"世事难料"的存在。

如此，当历史发展到今天时，我们应该辨证和历史地看待这一切，也应该去辨析下一步民办教育的发展之路在哪里。这是积极的态度所在。

而接下来的时期，我以为应该是民办教育发展和提升的新契机，是为第三阶段。

第三阶段：强者生存

纵观近十几年来我国教育的发展，从"一部分先富起来"到"均衡发展"，已经看出我们的教育尤其是基础教育，处处体现了一种跨越式发展的步伐。与此同时，我们的民办教育将面临的发展问题是什么？就是发展，这是硬道理。或者说，当前所谈的发展与以往不同，是高一层次的发展问题，而绝非是继续着"必要补充"的发展观。

那么，民办学校可持续发展的方向在哪里？我认为，至少已经不再是简单地与优质公办学校"并轨同行"。当然我们的教育大方向还是一致的，只是要寻找一条属于自己生存的轨道而已。至于如何寻找，路在何方，最好的答案就是在市场中，也在思维方式中。换个角度，我们从学生和家长的需求去考虑问题，自然就会得出答案。比如，公办教育是大一统的模式，民办学校可否找到家长需求的特色教育，包括特色课程、专项培养等。这些与众不同的教育内涵本身就是一种教育的高度所在，我们提供了别样的、高品质的教育，家长就获得了择取的自由。再深刻一些说，明理的家长在教育消费上是不会计较的，不会把省钱作为选择的第一要素。

我们再横向去看看西方那些发达国家的教育，均是公办与民办共生的状态。而且，许多私立学校还是当地最好的学校，是家长为学生择校的首选。为何如此？答案是因为私立学校办出了特色，办出了品质。我想，在我国也无非如此，社会的发展是遵循着优胜劣汰的规律的，在"淘尽黄沙始见金"的铁律下，最后一轮生存下来的私立学校必然是有个性、有品质的，这将是不争的未来。

破局思考：幸存与新生

在我们翻阅着民办学校发展史的过程中，大家无不感叹的是，鲜有的一些办学十几年或近二十年的学校依然还在，可能还走得很好。这是一个既值得欣慰又值得研究的现象。

放眼看去，这些健在的学校似乎都有一个共同的发展特点，是由小到大，由弱到强，是"迈着小步一路走来"的学校。这些学校显然不同于那些轰轰烈烈掀动市场又轰轰烈烈倒闭关门的学校，究其根本是由于他们是站在了教育的基础层面下，一步一个脚印地走了下来；也是由于没有经历过度商业运作的负面影响，所以，在教育市场的风云变幻中，他们悄然地和低调地规避各种风险，同时也坚实地打造出了自己的特色，活得很好。

另外一个基本观察结论是，上述这类"长命"学校多数是因为办学者出身于教育，尽管起步慢一些，但却没有像一些财大气粗的企业家一样"五挡起车"，使学校在渐行渐思中健康成长，这是成功的缘由。

至于近两年来新办的一些私立学校，我们不妨称之为"新生代"。因为大凡在民办学校发展已经遇阻的情况下，还能坚定不移地进入这一领域，必定是有其思考，也有其信心，而这些思考和信心的来源，就是因为前者（包括坚持下来的学校和已经倒闭的学校）给后来人提供了教训与经验。这无疑是这些"新生代"在严峻形势下，必走高端，必开新路的前提。

那么，对于那些受阻、徘徊或迷途的民办学校，当前的课题就是一个：如何破局而出？而面对这一课题，题解也是一个：提升管理，发展特色，走出一条独属于自己又能适应社会需求的道路。

民办教育或处于"后补充时代"

1997 年《社会力量办学条例》中对民办教育曾有过这样两句定位语:"社会力量办学事业是社会主义教育事业的组成部分";"国家鼓励社会力量举办实施义务教育的教育机构作为国家实施义务教育的补充"。后一句话是针对在九年义务教育领域中民办教育存在意义的阐述。

2003年9月1日实行的《民办教育促进法》中再次阐述民办教育如下:"民办教育事业属于公益性事业,是社会主义教育事业的组成部分。"这里没有再提"补充"二字。

2010年在《国家中长期教育改革和发展规划纲要》中进一步对民办教育在体制下做了这样的定位:"民办教育是教育事业发展的重要增长点和促进教育改革的重要力量。"

由上可见,从国家的大政方针上,对民办教育的认识、地位的确定正在逐步提升,这也让民办教育人有了一种感觉:春天已经来临。然而,在地方政府以及政策执行的层面上,包括一些民办学校自身的办学者在内,其意识里往昔的"补充说"或许依然存在。至少,在一些公办教育薄弱区域里,因地方政府对教育发展投资还没有到位,那些停留在低位运行的民办学校的日子过得还可以,还在体味着"补充"的感觉。

对于民校举办者而言,这毫无疑问是一种可怕的认识,是目光短浅,面临着再度洗牌风险却还"温水煮青蛙"一样浑然不知。

那么,我们当下该怎样思考?是"补充说"不成立,还是要重构"补充说"?尽管一些充满激情和理想的民办教育人不喜欢"补充"二字,但在理性和现实的冷思考下,我依然要提出一个概念——"后补充时代"。这是基于生存的价值取向所言。

"后补充时代"的要义何在?一言概之,不再是补充政府办学经费和人力的不足,是补充公办教育体制下不可回避的缺陷问题。包括西方发达国家的教育体制下,也存在着我们现今的实际问题,也有政府办学为主导下对民办教育体制存在的需求。

作为分析,可以举例说明现今体制下公办教育的不足在哪里,也可以找到民办教育需要补充的要点在何处。

如,"铁饭碗"下的用人机制很"僵硬",校长对"混饭吃"和有"教育腐败"行为的教师颇有无奈。而民办教育则不然,因为有铁腕淘汰的机制。又如,公办学校因为缺乏生存危机,有客观保障,所以教育服务的态度和行为缺乏主动性,甚至会"老大自居"。而民办学校便会充分地在生存意义上把这些事做得更好。海量的家庭作业问题,捆绑家长当"助教"的问题,下午放学后到家长下班前的服务空当问题,等等,这些都是让家长很烦的事,在民办学校积极作为下都会得以化解。再如,当传统课堂教学面临着必须以革命性手段去颠覆时,公办学校特别是那些名校,在日子过得很舒坦的情况下,就没有"穷则思变"的理由和动机,就不会去主动承接改革的风险。而民办学校为了生存与发展,便可以大胆地先走一步,用绝地后生的勇气去践行高效课堂的改革,去重构与时俱进的真教育,从而,一改学生被动学习和高压下的学习状态,为学生终生学习奠定了基础。

这些都是对目前公办教育的补充。而且,上述的一些公办教育中的问题,肯定会在相当长的时间内难以得到改善和改变,所以我认为,民办教育在中国教育体制格局中是具有不可或缺的生存空间和必要性的。

如果我们再细读《国家中长期教育改革和发展规划纲要》，其中定位民办教育"是教育事业发展的重要增长点和促进教育改革的重要力量"。无疑，这样写入国策中对民办教育的生存定位是鼓舞人心的，因为在这里真正地揭示了民办教育的现实存在意义和历史发展意义，同时，也让民办教育担当了更艰巨的社会责任。

或许这又是对"后补充时代"的深度诠解。因为社会和历史给予民办教育的要求是"教育发展的增长点"，是"促进教改"的主力军。这当然也属于补充，补充了我国教育的"高度"和教改推进的"力度"。

"补充"一词中，自然含有让人感觉不太舒服的"主体"与"非主体"意味，这已经并不重要，重要的是存在的价值和意义。所以，作为投身于民办教育的仁人志士，在清醒于当前的形势下，在看准了未来的目标时，我们可以踌躇满志，可以大刀阔斧，但与此同时，我们还必须面对现实，脚踏实地，找准发力点，用理念阐述方向，朝着前方阔步前进。

民校"七局"

——全国民办中小学发展论坛讲稿整理

2012年5月24日,由《中国教师报·民办教育周刊》和中国民办教育共同体举办,新密市新世纪学校承办的全国民校发展论坛如期举行。来自全国10多个省份的300多名民办学校董事长、校长,相聚在溱洧龙源、新密青屏,共话民校新世纪。

我在会议上生成的一个讲题为"民校七局"。会后整理如下:

第一局:醒局

不久前在台北参观了两所幼儿园。第一所是在台湾有50多家连锁机构的保进幼教机构幼儿园,三层楼,有一个不大不小的院子,设施设备如我们国内的中上品位幼儿园。月收费5000台币,在台北属于普惠级别。第二所叫做甜甜屋幼儿之家,很小,是由两套处于一楼的三室一厅的住户改建而成,户外的小院也不大。而且,处在一条小弄堂中,很不起眼,就如大陆的家庭式幼儿园。但问到园长收费情况时,我对园长说的每月9000台币的数字感到不解。因为与前者的硬件条件相比后,这一数字让我不无疑问。而园长却笑而不答。

后来我见到一位笑得很甜的老师,问及此题,她不假思索说:因为我们有个好园长!

一语惊醒局中人,我顿悟,好幼儿园是因为有好园长!

同时悟到了,台北社会对教育的认识很实际,不浮躁。大家是透过硬件看软件的,软件的核心是人,用国内常说的一句话"山高人为峰"可以注解。或许,在我们民办教育接下来的发展中,在无法和不必要继续拼硬件的事实下,关键看管理者的教育高度,看哪所学校能够拥有"一个好校长"。

第二局:困局

台湾归来,我受邀为广东东莞一家大型民办学校做一场培训。由于事前没有准备,所以只有在现场对该校的发展和当前面临的问题做简单了解沟通。结果可用四个字描述——"涛声依旧"。

也就是说,这所学校还在重复着十年前甚至更久以前的民办学校的办学模式。还在演绎着招生大战,还在被"包装"、"出击"、"生源"等问题困惑,而没有走进"文化"、"内涵"、"课改"的境地。当然,在现在的领导班子努力下,已经看到问题,已经有所动作,但昨天的民校模式下的思想、观念和行为依然存在。

显然,这不是一所学校的问题,是一种办学历史羁留下的文化影响,也是新时代民办学校的困局所在。所以,如何走出困局的关键是,首先要认清困局。

第三局:危局

也在不久前,一所地处乡镇的老民办学校办学者问到我一个发展问题。他想继续做硬件投入,理由是镇子里的公办学校正在改扩建校舍和增添教学设备，他恐惧这所邻居公办学校的硬件要超过他们。

我同意他的继续投入，但不同意他的投入方向。建议他把有限的资金投入到学校的软件上，投入到教室的白板、网络和教师的培训上，特别要投入到教师的薪资待遇上，这是对决胜负的关键。因为我们已经走到了软件制胜的时代了。

这是一次电话中的沟通，不知这位办学者是否真的接纳我的建言，但通话后我却深刻地感受到了——他处在危局中。

第四局：布局

其实，国家和政府是很清醒的，正在为中国的教育发展和规划布局。在《国家中长期教育改革和发展规划纲要》第四十三条中就指出，"民办教育是教育事业发展的重要增长点和促进教育改革的重要力量"。

我们可以这样理解，中国的教育发展都需要谁？不可或缺的增长点在哪里？谁能促进教育改革？很清楚，在这里政府用了法定文献把问题说清楚了，第一是确立了民办教育存在的重要性；第二也表述清楚了民办教育的作用在何处。

我觉得对比之前的《社会力量办学条例》和《民办教育促进法》，《纲要》说出了社会转型后，在市场经济下民办教育存在的意义与真谛，而不是从前的"补充"说法。当然，还可以具体说，如果没有民办教育的机制，仅仅依靠公办教育，中国的教育改革是无法得以推进的。所以说，民办教育在未来的社会发展进程中，必须承担的历史使命就是促进教育改革。

第五局：破局

如何突破多年来教育改革这个逆势堡垒？从何处找到教育改革的突破口？这些问题如今有了答案。《中国教师报》力推的高效课堂彰显了教育改革的道德使命感，在无法扭转高考机制的情况下，以课堂教学为出发点，发轫于课堂教与学的结构变革，从人学的高度找到理性归属，从学习模式的回归找到了技术操作点，从素质教育和应试现实中找到了契合点。

欣慰的是，在推进高效课堂的队伍中，多为民办学校。如河北围场的天卉中学、安徽铜都双语学校、江苏昆山前景学校，这三所都堪称为全国教改名校，也都是民办学校，而且都已经把高效课堂的教育改革推进到了一个相对成熟季。

民校的确成为了中国教改的促进力量。

第六局：变局

说到这次会议的承办者，办学十几年的新密新世纪学校，在董事长郭春先女士和校长郑冠坤先生的领军下，风雨如磐，坚守着一个信念，办一所受人尊敬的学校！

他们已经在此之前做到了，至少在一个区域中是一所得到社会肯定和赞誉的好学校。但他们并不满足于现状，一直在发展中求变。

求变就是求生，求生就要创新，学校必须发展，发展要有高度。新世纪的高度在哪里？在学校的文化内涵，在学校的课堂改革。

这次会议的与会者们在走进新世纪校园时，无不为其校园中明喻和暗喻的文化而震撼。尤其是我对比两年前的新世纪印象，更加深刻地感受着变化的内韵，也由此看到和悟到，民办学校的生命力如此蓬勃，关键在于办学者和管理者的前卫思想和快速行动力。

于是，我说道，民办教育需要坚持的是让学校永远处于变局中，人无我有，人有我新，就是此理。

第七局：大局

识大局者为王。谁具慧眼，谁能把握民办教育发展的大局，谁就会在未来的竞争与淘汰规则中笑到最后。那么，民办教育在中国的发展大局是怎样的？我们应该具有怎样的慧眼？如何才能把握现在展望未来，走在一条健康稳健发展的大道上？

温州的"一拖九"文件让人有些欣喜，似乎春天即将来到。可我还是从文件的"背面"看出了一丝忧虑。

深圳的民办人就在忧虑。他们在读"温州文件"时，面对公办民办教师之间合理而宽松流动的"优待"，不会像我们内地一些省份教师那样激动，因为在深圳公办教师的待遇远远高于民办学校，特别是近年来许多内地去的优秀教师，甚至把去民办学校当作走进公办学校的"跳板"。所以，一旦"公民"之间活水流通后，在人往高处走的法则作用下，民办学校的师资困境就会突显而来。

当然，在看到大局之后，看到发展将面临的问题后，我们不应是无奈的等待抑或消沉，而是要积极面对，早做准备。在破局思维下，先行做出文化，做出品位，在软件建设上做足文章，在教师薪酬上不要吝啬。用教育改革的力量，率先突破当下基础教育的窘境。特别是要努力培养出一些深谙民校管理的专家型校长。

或者，可以这样来看未来大局——有多少个好民办校长，就有多少所好民办学校。

自揭短板

  自我批评应该是民办学校成长的"清醒剂"。

尤其是在对比公办学校的长项之后,民办学校若能找到自身的短板,方为睿智。

千万不要总想着过去!

过去就是上个世纪90年代。

那时,风生水起的民办学校,特别是高端起步的大型民办学校,其硬件条件和教师工资,都相比公办要好得多。一般工资比同类公办学校要高出四到五倍,校园环境更是比那时的公办学校不知强多少倍。

然而,时过境迁,随着政府对教育投资的加大,许多新建的公办学校都极尽奢华,远远超过一般民办学校的校舍环境和设施设备,特别是在一些沿海和发达地区,公办教师不断调涨工资,已经比一般民办学校教师的工资要高出许多。

所以,民办学校很纠结。

而且,民办学校不知路在何方?

要找路,先要自我揭短。

我归结的六大短板中,有机制使然,有环境必然,也有自己的糊涂所致。

1. 老板外行干政:老板投资了,老板想要回报,无可厚非;但你是外行，你可以"掌柜"，可偏偏还要"当家"。直到把校长弄得不知所以，把教育管成商业，把学校管得乱套。

2.公信度不足：民办学校很年轻，缺少历史业绩支撑，缺少社会广泛认同。于是，极尽包装之能，做广告，挂招牌，搞名堂。甚至出高价到数十万"买能考入清华、北大的学生"，这是继续损毁自身的公信度行为！是杀鸡取卵！是自我麻木！

3.教师待遇问题：有些办学者，在取得利益后，不去想如何给教师涨工资来与公办学校的待遇抗衡，而只是琢磨怎样使自己的"钱包"越来越鼓，或者继续用于自己的硬件再投入上。殊不知，民办学校第一生命力是老师呀！民办学校教师工作量大于公办教师，工资却低于公办教师，这样下去无疑是在找死。

4.过度商业化：许多民办学校就糊涂在这一点上。因为生存在市场机制下，所以就按企业管理学校，按商业包装学校，天天喊着"招生就是生命线"，"家长就是衣食父母"，以至于根本找不到教育的轨道在哪里，使学校的教育"灵魂出窍"。

5.生源质量差：这是一个最普遍的短板，是公信度不佳所致，是办学缺乏成绩所致。有不少学校虽然办学多年了，几经寒暑也一直没有练好内功来逆转这一运行方向。所以，在招生中始终处于跟在公办名校影子后面"捡洋落"的窘局。

6.教师超负荷：民办学校教师很累。原因诸多，有寄宿学校工作时间长的原因，有封闭式管理难度大的原因，有老板苛刻向教师工作量要经济效益的原因。时间久了，谁能熬得下去！

如此六项，可谓顽疾，也是劣根。

只有清醒了，远虑了，敢于自我批评了才可能有进步，此为"知耻而后勇"。

民办学校的"生死学"

目睹民办学校的冷冷暖暖、生生死死，我们只能凭借"生亦有道，死亦为雄"的感慨，为后来者白描出一条汗泪交织的或直或曲的生存轨迹。并让这条浸满奋斗、激情、摸索、彷徨、踯躅、无奈甚至悲情的路，在我们依然继续的前行中，留下前车后辙的教训、经验、警惕和启迪……

曾多次与关注民办教育的学者以及行走在这一领域中的专家探讨，何为"生之道"？何为"死之训"？

正如托尔斯泰说的：幸福的家庭都是一样的，不幸的家庭却各有各的不同。民办学校在发展中也是如此，那些如今处于健康态的学校都有一些共性所在。如，原本就是教育人在办学，由小到大，由弱到强，坚守着按照教育规律办教育的原则，做出了品质和特色，所以，活得很好。财团或财力雄厚的非教育人投资办学，办学态度端正，聘请了专家办学，没有急功近利，而是把社会责任放到首位，循教育之规，蹈管理之矩，所以，也必然会呈现出生机盎然的发展态势。纵观这些学校的生存之道，不外乎一条准则，走教育之大道，为社会服务。

然而，我们今天必须要忍着痛苦，在不堪回首中回首，用曾经的"先驱"之教训，看清民办学校如何走进败境的那些死路。

因管理不善而死

在民办学校发展的初期,除了有点钱"其他都很穷"的办学人在办学时,他们不懂管理也不足为奇。尤其是在家族成员全面介入管理的民办学校中,管理混乱问题尤为突出。曾有一所办在县郊的学校,启动时因周边学校资源缺乏,一时间迅速得以发展,生源超过了两千人。但好景不长,这位包工头出身、小学以下文化的董事长兼校长,携领了夫人、妻弟、三叔、二舅等人组成的管理团队,不尊重所聘教师,不遵循教育规律,只按家规家法治校。到后来人气退去时,他无奈地留下了一句话:如今的学校,只剩下食堂和超市赚钱了!

这只是诸多此类问题学校中一例,而且,不仅是"管理不善",更应该说的是"用心不善",所以,其败局从一开始就已经注定。

因路线走偏而死

曾有一所在上个世纪90年代办得风生水起的大型高端民办学校,如今奄奄一息。但了解的人说,这位办学者很懂管理,尤其是善于把企业管理的思想和手段转用到学校中,并以严格制度化、程序化著称。特别是在招生工作中,直接把企业销售的理念和方法运用到位,包括售前、售后的服务机制,无可挑剔。甚至把学校整体工作重心放在了"销售"中,连"教育教学"这一被其视为"生产车间"环节的地位都退居其后,他信奉的是"招生工作是学校的生命线"。

事实上,在民办学校早期的发展中,因新生事物的新鲜,这所学校每年都能创造出很好的招生业绩,但同时也在创造着"退生"业绩。当然,在动态平衡或动态增长中,那几年的日子过得还可以。后来的厄运是因为此路走偏了，没有尊重教育规律，走进了几乎是纯商企的轨道。所以，被教育和社会抛弃是其必然的死局。

因盲目扩张而死

扩张和发展未必是一回事，做强与做大需要排序。这是一些民办学校曾经走集团化发展道路留给我们的思考和教训。即便是一些有投资保证的学校，若第一所学校还没有做扎实，没有把教育核心竞争力做足，没有把管理平台构建得很牢固，也没有做好集团化机制的准备，只是因为有钱就着手于规模扩张，这显然是违背了"先做强后做大"的发展原则。尽管用市场语言说，这是抢占先机，但教育毕竟与企业不同，教育不允许尝试，学校所面对的受教育对象不可以"错了再重来"。

回望上个世纪90年代中期在国内泛起的几个大型民办教育集团，其中，在2005年前后陆续倒闭的案例中，尽管死因不同，但在心态膨胀这一点上真的是大同小异，而且，都属于犯了"脚跟还没站稳就开始往前跑"的错误。

因滚动发展而死

"滚动发展"是一个很好听的术语。然而，若去认真审视，这一概念本身就是问题。因为一旦不滚动就出问题，就如自行车一样，停下就会倒下。这样的案例出现在早期民办学校收取贮备金的模式下，是非健康态的资金运行问题。我们暂且不论这样的模式是否触及违法集资问题，只是从学校内部办学资金运行的危险性而言，加上这样运作的学校先后无一例外都倒闭了的事实，就足以说明此路不通。

因等待不前而死

或许这属于慢性自杀的问题。但这样的民办学校至今仍在，究其原因，无非是日子还能过得去，是怀揣着"小富即安"的心态。这和那些患有慢性疾病的人心态类似，没有急症下的危机感，不知也不会审时度势预测民办学校的未来竞争走向。一旦身边的公办教育"大力发展"了，一旦其他民办学校破局而出了，才惶惶然不知败局何来。

但可喜的是，近年来一些民办学校正在觉醒，正在课堂改革上寻找突破口。例如安徽铜都双语学校、河北天卉学校、昆山前景学校等，这些学校正在如火如荼进行着高效课堂的教改行动，充分明喻了"穷则思变"的道理，在拒绝等待的思维下找到了一条最好的活路。

因低位循环而死

一直以来，低位循环模式下的民办学校不在少数。有时甚至只能用"浅呼吸状态"来表述此类学校的生命态。低位循环的特点是"收费低、教师工资低、教学质量低"，而且，这样的学校多为乡村民办学校或城市农民工子弟学校，是属于填补公办教育资源不足所出现的民办学校。所以，明显的危机就是，当公办教育得以发展后，第一个冲击波危及的就是这样的学校。

河南一所办在乡镇的民办学校，办学者很努力，办学想法很朴实，多年来虽然运行艰难，但因费用低，生源还不错，能维持循环。但前两年出问题了，因为镇里建起了一所现代规模的公办学校，导致了这所学校生源锐减，面临极度困境。这位校长的分析是，低收费决定了师资水平低，师资水平低又导致了教学质量低，教学质量低继续导致的是收费无法提高。所以，到了今天的局面实属必然。我在为其诊断后不无感慨地说，你的低收费或许是道德理由，但不是市场生存理由，因为你没有提供优质教育。

然而，处在一个周边全是农田的河南封丘实新学校，却在同样的环境下办得风生水起，包括周边县城的家长也"送子下乡"，把学生送到这所偏远的学校读书，这是为何？道理只有一条：学校办出了特色。办出特色收费就能够提高，收费提高了就可以提高教师的待遇，教师待遇上去了好教师就留得住了，有好教师再加上优秀的管理，学校就越办越好，走向良性循环了。

以上，浅析了六种民办学校的存亡问题，未必全面，只为引以为戒，只为给予我们前车之鉴，只为我们民办学校将来能够走向健康的教育正道和教育大道。

寻找学校的核心竞争力

这个寻找注定很艰难,它属于一个学校发展的旅程,但凡走过者,无不满载着勤奋、智慧、远瞻,也包括失败、教训和经验。

然而,作为话题还得从"竞争"这两个字谈起。

不可否认,在计划经济下也有企业之间的竞争,但那不属于生死存亡的竞争,因为机制保障了平安。而走到市场机制后则不然,企业的生死权归属于自己,胜者进,败者退,这是不二法则。所以,企业中要大谈特谈竞争,要谈如何构建属于自己的核心竞争力。

虽然教育曾小心翼翼地不谈市场,但教育市场的客观存在却不容否认,不可回避。尤其是民办教育的出现,甚至让竞争意识和行为成为学校发展的主题。

那么,什么是学校的核心竞争力?我们不妨提出如下问题:

学校自主创建的办学特色、课程特色是核心竞争力吗?学校提出的与众不同的先进办学理念是核心竞争力吗?先人一步,做出成就的课堂教改模式是核心竞争力吗?优秀的师资和以优秀的管理打造成的团队是核心竞争力吗?一个好校长是核心竞争力吗?先进的管理模式是核心竞争力吗?

曾有人这样定义什么是核心竞争力:不能被简单模仿的东西就是核

心竞争力。

于是，我们的话题就此落地，追问上述的种种问题，我们描述的事项是否能被简单模仿？

还是借鉴企业的成功范例，如海信集结了大量的高端技术人才，并素以技术研发的水平为自身优势，这可谓核心竞争力。海尔以科学管理向市场提供了最优秀的服务，被誉为海尔的核心竞争力。华为老总任正非被称为中国的松下幸之助，用人文管理构建了自己的核心竞争力。比亚迪老总王传福以专注于现代能源开发，走在了时代最前列，这是比亚迪的核心竞争力。

深度解析后，我以为这些结论是不够深刻的。因为海信不仅在于有高端技术人才，更有"不断创新"的文化意识，就是"人无我有，人有我新"，这是核心竞争力所在。海尔的优质服务也不仅是因为管理，而是由管理出发，久经历练、积淀而成的一种立足于服务为生存之本的企业文化。包括比亚迪、华为在内，我们剖析后所得的结论都是如此，都是因为形成了属于自己企业的一种文化。

文化是不可简单模仿的，文化才是核心竞争力之所在。

再说学校，哪种特色是不可模仿的？哪种管理是不可模仿的？哪种课堂模式是不可模仿的？甚至，优秀的校长也不是永远的，也会被挖走，也会因某些缘故而落伍。

但是，如果一所学校具有"不断创新"的意识，特色便成为动态，一直存在于发展中，这是文化，是一所学校所沉积的创新文化。再如，真正有核心竞争力的课改学校，不是做出了今天的成绩就可以一劳永逸的，而是种下了一颗种子，永无止境地追求领先，不断地在课改中课改，当别人今天拿去了自己的成果后，明天又推陈出新，这也是文化。再如，优秀的校长和优秀的教师都会流动，但这些校长和老师们留下的管理文化和奋进精神若能够留下，这就是"铁打的衙门流水的官"，"铁打的衙门"就是文化，是属于一所学校可持续发展的文化。

再举一例，一位好校长因为管理有方，在学校发展中做出了"家文化"，老师们以校为家，团结和谐，享受工作。但是，这个"大家"也会添人进口，也会人口流动，甚至也会"吐故纳新"，包括校长这个"大当家的"在内，也不会永远当家。但是，如果真的做好了"家文化"，则一定是"人走茶不凉"，一定会让这个"大家"永远有着家的温暖，这样的"家文化"才具备核心竞争力。

综上所述。我们可以这样去认为，世界上很难说什么东西不能被模仿，只有很难模仿一说。而作为学校的核心竞争力，还是用文化来诠释为好，因为文化很内质，其内涵是一种精神，是不易被一时简单模仿的组织精神。所以，究其根本，学校的文化，尤其是有市场生存和发展价值的文化，如创新文化、课程文化、家文化等，才是学校的核心竞争力。

民办学校办学者要有"三只眼"

近来,几位创办民办学校的朋友找我咨询,其中也有在原来低层次办学基础上,征地盖楼,想继续发展办学的办学者。在交流中,我提出了办学要有"三只眼"的说法。

"第一只眼"是用来看过去的,是用来收集民办教育20年中,那些可圈可点、可评可鉴的经验与教训。这是信息,录入大脑后要储存、加工,留待以后作为为己所用的经验和理性基数。

比如,早期国内在公办教育硬件薄弱的背景下,有一拨高投入、大规模,靠硬件赢得家长青睐,靠市场运作获得一时繁荣的民办学校。但是,有些这样的学校没有尊重教育规律,没有脚踏实地抓管理、抓教学,最后出局。也有一类学校在暂时的辉煌下盲目扩张,在"肌体尚且缺钙"的情形下走入败境。这些都可谓"前师后鉴",是需要把教训转化为经验的财富。再如,一些由教育人"微步发展","滚着雪球向前"走来的学校,如今,尽管在硬件上未必比得上现有公办学校,但在软件、文化上积淀很深,甚至可以说已经根植在 方教育的土壤中,被社会高度认同。这些民办学校的经验便可称之为"前车后辙",这也是办学者需要借鉴的财富。

"第二只眼"是用来审视当下的,是在大形势和小区域中寻找办学切入点的问题。用"第二只眼"录入的信息,经大脑加工后,才能确定用什么样的战术启动办学。

比如，南阳邓州是人口大市，170多万人拥挤在一个教育资源匮乏的区域，平平常常的班级都有120个以上的学生，多者甚至达到150人。所以，这里的切入点很简单，"满地都是缝"，"挖坑就出水"，只要办一个班额小一些的、硬件环境好一些的学校就会涌来大量生源。但在商丘民权的情况就不一样了，这里的公办学校就没有大班额问题，几乎都是五六十人一个班，而且在正常班级人数下，教师对学生的关照也比较到位，没有像前者那样由超大班额衍生的种种问题。所以，在这里办学要寻找切入点就比较难，但不是没有。我给予的分析是，公办机制下，教师缺乏生存危机，所以，公办学校教师的责任心、爱心、教育活力都无法做到很好。包括在组织机制下，学校的特色建设、课程建设都具有束缚因素，甚至在官本位下，在求稳意识下，校长或许缺乏主动改革的思想和行为。这些无疑都是我们民办学校可以去做和能够做好的事，也是我们的切入点之所在。

"第三只眼"必须用来眺望未来。也可以说这是一种"抢沙发"思维，是站到未来五年、十年，甚至更远之处，回望当下，审时度势，用科学判断来勾画出一个学校中长期办学发展蓝图。或者说，"第三只眼"是看发展、定战略的未来眼光。

我给民权王校长和李校长两位办学者一个建议，三年或五年后，绝不是三年或五年前，民办学校不会再以"学位短缺"走进市场，而是要从"机制问题"中找出"缝隙"，然后，用智用巧进入市场。所以，不要再去琢磨如何低收费、怎样大规模下运行等"昨日风景"，而是要考虑办出精品、办出特色，在"不求规模做品质"的战略下来策划学校的发展目标。

关于这一点的认识其实很简单，因为公办学校的办学必须做到普惠社会，这是政府的责任所在。前些年我们国家在教育上投入不足，所以，逼得一些家长不得已选择了那些低收费的民办学校。而一旦政府加大了教育投入，这一办学空间就会不再属于民办教育，留给民办教育的只有如中国民办教育协会王佐书会长说的"特需教育"了。这里的"特需"就是与众不同，由办学者为家长提供的有特色、有品质的教育，甚至可以说就是高端教育。

总结下来，"三只眼"的说法内涵就是回头看过去，低头看脚下，抬头看未来。或者说，过去得到的是经验，脚下找到的是机会，未来看出的是方向。但为了基业恒久的追求，要有坚持"发展才是硬道理"的终极思维，要坚守"做教育就是做良心"的基本原则，要擦亮"第三只眼"，把未来看得更远、更清楚，这样才能找到民办学校前行的最明亮的方向。

谁在为民办学校"探路"和"指路"

在冷冷暖暖中，一批批早年的民办学校，因种种原因先后倒闭而成为"先驱"。

于是，后来者便开始了思考和总结，把"先驱"留下的教训转化为自身行走的经验。有的是过度商业化资金运作酿造的悲剧，有的是急功近利、浮躁心态导致的"半途灭火"，有的是招生宣传过于夸大而失信于家长，有的是缺乏"自我造血"机能出现人力资源缺失，也有的是"照猫画虎"、"邯郸学步"走到与公办学校同质化的困境，有的是"饥不择食"形成了生源结构问题，还有的是出现了家族式管理的弊病以及内部管理不规范等问题。

这些教训是宝贵的，是探路者留给后来者的财富，是"先导部队""踩雷"后留给我们的信息——告诉我们，哪条路是不能走的路！

不能走的路坚决不走。

但是，能走的路在哪里？谁在给我们指明该走和能走的路？

是公办学校。

是公办学校现在没做好且做不好的问题，也是现代教育和未来教育应该追求的本真。

这是一些什么样的问题？

是民办学校的教师队伍要拥有奉献精神，绝不能构建权力，像公办学校教师那样给学生换个座位都要收取红包；是民办学校的教师都会享受工作，把爱学生作为学校文化的底色，而不能像公办学校教师那样把教师只当作职业，心里不时刻装着学生；是民办学校不被"婆婆"约束，敢于实事求是地进行大胆的教学改革和特色创建，而不是像公办学校那样为了保住"乌纱帽"只看上级好恶去工作；是民办学校没有各种条条框框制约，可以大胆进行制度改革，而不是像公办学校那样动辄有限制，想法再多也被"裹脚布"缠绕；是民办学校教师不好好干和干不好就可以离开，而不是像公办学校那样教师把校长气个倒仰都没法打破"铁饭碗"，也不能让混日子的老师走人。

这些都是民办学校能做好也应该做好的事情。

所以，我们的"指路者"是公办学校。

但是，我们决不能丢掉危机管理意识。

因为，早期的民办学校也曾为比公办学校硬件好得多而骄傲，比公办教师工资高得多而自豪。但如今，放眼望去，公办教师的工资已经高于民办，公办学校的硬件已经好于民办。于是，我们发问：民办学校的优势何在？

或许只剩下了"机制优势"。

但若干年后，醒悟了的公办学校如改变了自身，在互补竞争的社会框架下，引入了民办学校的优秀机制后，民办学校还有什么？

我觉得应该是"文化"，是经历磨劫后的学校品质，是诠解优质教育的"沉积物"，是历久弥新的创新意识和行为。

当然，还有一大批因追逐和热爱而铸成的，从办学者到管理者以及教师所构成的"民校人"。

是公办学校很弱，还是民办学校很强

在早年，这个问题是要反过来问的。如今，一些民办学校经历了坎坷，吸取了教训，找到了方向、方法，在办学上取得了社会的认同，日子过得舒服了，甚至在口碑上已经高出一般的公办学校。于是，我便结合我们学校目前的如此现状，用发展危机论提出了这样的问题。

但这是一个伪问题。

因为，公办学校不是很弱。其办学资金的充足，师资队伍的稳定，教师待遇的丰厚，政策的多方优惠，学生就读费用的低廉，生源的充裕，以及政府的大力支持等等因素，民办学校都不能与之比肩。所以，岂能用一个"很弱"来解释。

同时，民办学校也不是很强。即便如我校一样过上了"好日子"的那些学校，也不能说是很强。因为，对比上述公办学校的优势而言，恰恰这些还都是民办学校的劣势所在。只不过，一些民办学校凭借了政府规管所留余的空间较大，能够在办学理念和办学实践上迈的步子大一些，能够用足政策予以的灵活和灵动，能够用好人力机制，能够主动地规避公办学校的一些问题。

所以，我认为，民办学校必须从两个不同的侧面看问题：

一是要看懂民办机制下的优势所在。包括处于"瓷饭碗"下自我忧患和自我激励的优势，没有或少有行政干预下的形式主义羁绊的优势，自身不具备"高枕无忧"骄傲资格而必须躬行教育服务的工作态度的优势，也包括在生存意识下不断努力和创新的教育行为，还有在"穷则思变"之下的课改行动等。

二是要看清民办学校发展中自身的问题缺陷。包括至今困扰办学者的师资稳定问题，不健全、不健康、不科学的管理机制问题，过度市场行为的把控问题，还有家族式管理左右学校发展的无奈，以及办学资金在运转中缺乏应急保障的问题等。

如此一对比，正反双向看问题了，我们才能做到"知己知彼"，才会有客观实际看问题的态度并由此去做战略布局，才能决胜在前。

当然，对于在阶段性和区域性取得一定办学成绩的民办学校，还必须清醒自身成功在何处的问题。例如，有的民办学校或许是由于区域公办教育确实整体薄弱，所以，在积极进取下，整体凸显出办学质量，得到了社会认可。又如，有的民办学校是因为找到了当下公办学校在机制下的管理短板，包括公办机制下人浮于事，教师缺乏爱生爱岗服务态度，也包括教师利用名校品牌校外补课，校内收受家长馈赠等问题，所以，在用好民办机制下，用己之长补人之短。再如，有的民办学校在宽松管束下，可以大力构建特色办学的制高点，以"剑走偏锋"之道，在公办学校的轨道另侧找到了生存空间。

但最终我们都要用发展的眼光看问题。公办学校现在的问题不会不改变，我们现在的成功不能视为永远，一切都在发展中。而且，一个不能不去思考的问题是，为何我国的当下国策认同公办教育与民办教育并举发展？或许是教育服务领域的有机划分所需，或许是办学机制的科学互补，或许是民办学校应该用生存活力来引领教育改革，让我国的教育不至于机制单一、行业垄断。

总之，回扣命题，民办学校的发展战略中，必须警醒的是自满、刚愎自用和忽视了公办学校的发展与优势。所以，借用联想集团老总柳传志在发展热季中的冷思考：在成功下把攀登的高度定位在5000米，仰望着更高的珠峰，做永远的攀登者。

民办学校或助推教育家成长

　　离开公办体系,做民办学校校长已经15年了,每当被人问及感受,我都会涌出许多情感,并以情感为底色来言说这条寒暖交替、泪汗交织的路。

　　这种情感只有四个字可以表述——喜欢教育。

　　于是再次被问:难道在公办学校就不是在做教育吗?在公办学校就不能喜欢教育吗?这一次的追问让我陷入难以正面回答的窘境。

　　那次,与一位公办学校校长邂逅,我寒暄问道:忙啥呢?他回答:开会和准备开会。这句近乎白描的话夹带着无奈,这是在倾诉"工作就是开会"的现实困惑。

　　其实,制约一些校长无法沉下心来走专业成长之路的因素还不止于此。包括体制下的束缚,包括非业务活动的繁杂,也包括"温水煮青蛙"的效应,还包括行久积渐而滋生的懒惰,等等。许多校长便由此成为了"社会活动家",甚至被包裹上一种行政官员的形象"外衣",最终,离专家型校长渐行渐远。

　　我还是被继续追问:民办学校的校长就一定会走向教育家吗?

　　也不是这样。回顾早期走在迷途和歧途上的民办学校,由于过度"做市场",把学校领到了一种很商业的轨道上。比如,把招生作为学校的第一要务,把形象包装看得至关重要,把企业管理和军事化管理引入学校，把家长视为顾客，把经济效益看做办学第一目标。在这样的理念和操作下，民办学校的校长会走向何处？只有一个去处，当一名挂着校长标签的企业家。显然，这个方向背离教育家甚远，这样的校长率领下的学校也绝不会走进真正的教育轨道，而且，这样的学校也不会走向永远。

可如果民办学校的大方向指向了教育，校长的成长优势就会凸显出来，比公办学校有许多机制赋予的成长空间。我们至少可以分析出以下三点优势：

第一，在市场法则下的求生欲。

民办学校只有一条生存法则：办好了生，办坏了死。甚至可以说，你把学校办好了，掌声和鲜花一并而来；如果没办好，谅解和怜悯都没处找，更别想着政府来为你的失败买单的事，最后留下的只剩下"千夫所指"。所以，在民办学校当校长必须让压力变为动力，必须战战兢兢、如履薄冰，有如逆水行舟，不进则退。

这一法则对工作在民办机制下的校长是好事，是在求生欲下自然获得的原动力，是建立在客观基础上自励和向上的发展元素，包括校长本身的成长在内。简单地说，在这样的机制环境下，作为校长你想不努力都不行，因为你肩负的是一所学校生死攸关的重担。

曾有一位刚从公办体系中走出来的校长，带着原来的光环和资历，更是带着一些工作习惯，到了民办学校校长的位置上之后，第一感受语有六个字：压力大、不习惯。压力大是因为这把座椅不稳定，有生死之患。不习惯是原来学校中出了问题可以上交，有了责任可以下放，反正学校上方架着一个主管的教育局。再说白了，学校办好了自己光荣，办不好也不至于丢官罢爵。

第二，在缺少约束下的自由度。

有一位口碑不是很好，生源正在减退的公办学校校长说：他要逆势求生，想从课堂改革入手，推进高效课堂模式，可方案提到教育局后就搁置在局长办公桌上了，让他颇感郁闷。等到真的要在学校推进课改时，已经习惯于传统模式，不愿意折腾的教师们也令校长很头疼。甚至用了行政手段也不尽如人意，这位校长那时就羡慕民办机制可以做到不换思想就换人。

这样的事情在民办学校中很简单，只要董事长放权给校长，或者在董事会领导下有真正的民主理校机制，在大家统一思想后，想做就做，没有思想束缚，手脚不会被捆绑，更没有繁琐程序，一切都以学校生存和发展为大前提。

包括民办学校的薪酬制度，也不会有人干预，可以根据实际大胆地设计自己所想所用的制度。我在多年的管理实践中，曾为一些教师有着高职称却干着低效工作的问题所困惑，又因一些教师职称高薪金就高的问题所困惑。后来认真一想，这是自我束缚的问题，在民办学校的管理中是有很大自由度的，一切都在自己手中。于是，我新创设的薪酬制度中就根本没有职称这一项，充分体现了"不论资历、不论年龄、不论学历"的"三不原则"。我认为，这就是实事求是，就是充分用好民办学校的机制，让校长获得最好的自我提升。

显然，这就是民办学校能使校长成长的优势所在，没有束缚，自由度很宽，才能让校长的才干得以高度发挥。

第三，在学习生态下的成长力。

学习生态对于人来讲是与生俱来的本能，对一所学校也是如此，只要这所学校建立在生存竞争的机制下。所以作为民办学校的校长，学习就是成长，成长就是能率领学校走向成功。于是，在学习生态下，校长经过自身不断努力，在成就学校的同时也成就了自我。这就是民办学校校长走向教育家的一条必由之路。

有一个业内培训机构，其组织者对比后曾感慨，给公办学校管理人员做培训时必须要考虑到"游学"。何为"游学"？就是在组织学习的同时还要考虑到安排好旅游活动，这已经是一种做计划的公式了。可在组织民办学校校长和董事长培训时，他们被受训人员的学习精神感动了，根本不要考虑旅游的事，而是要把所有的时间都安排满满的，包括晚间和会议间歇，都尽可能要安排学习活动。我也分别给这样不同群体做过培训，特别是在会场中，民办学校的校长和董事长表现尤为突出，手中忙着记录，眼睛跟着讲课者，如饥似渴。

为什么民办学校管理者善学？一言概之，是生存的需求，是没有脚镣下的长袖善舞。

综合上述三个理由，我们完全可以做一个定论，只要你真心热爱教育，只要你行走在民办学校的宽广平台上，无论是积极向上的内驱力，还是生存竞争环境所致的外在迫使，学习和成长都是一种必然，都可能从机制中汲取基础养分而走向教育家。

但尽管如此，作为民办学校的校长能否成为教育家，还有八个字要做到：坚守、责任、创新、借势。

坚守是态度。要坚守立足点，不能脱离教育的轨道，同时更要坚守着自己的教育情怀。否则，若把自己视为一个简单的打工者或高级雇工就会得过且过，就会无法去企及未来成为教育家。

责任是道德。但这不仅是对董事长负责，更是对教育负责，对社会负责，对学生负责，对学生的终生负责。缺少这样的责任体系做根基，或许校长会在急功近利的操作下，滑向一个成长的下行道。

创新是思考，也是行动。校长只有在不断否定中寻找到自我纵向提升力，只有在不断思考中建构一种管理习惯，并在行动中铸就自我成长的高速通道。相反，墨守成规，照猫画虎，循规蹈矩，不温不火，这样的校长即便是有成绩，自己也无法走向教育家。

借势是学习。抱残守缺、故步自封、夜郎自大是成不了大事的，民办学校的校长成长中，一个难以逾越的壁障就在于此。反之，突破自己，广揽成势，善于用"他山之石"，善于从别人那里找到自己的所需所要，这才是大智慧，这才是教育家的成长习惯。

　　总之，我无意去否定在公办学校机制下校长的成长，只是把目前尚且处于弱势的民办学校进行分析，从中找到一份信心和信念，找到在民办学校中当校长能汲取成长基础养分的优势所在，也倾诉了一种希冀：未来的教育家，一定会从民办学校中涌出。

民办学校"张弛无度"的作息问题

许多民办学校一直以来都受困和受害于双周连续授课制,也就是连续授课10或11天之后放假3到4天,中间的双休日被取消。

显然,这是一种违背科学规律的做法,也在很大程度上影响了民校的可持续发展。这一问题不用深究,连续学习久了,学生和教师都会处于身心极度疲惫的状态。尤其是这样的机制下,每个大周开始以及结尾的那几天中,不仅学生的学习状态极差,而且教师在疲劳中的教学效果也极差,教学效率也极低。所以,我们可以定论,看似11天的教学时间,其实际上有效的时间不过只有八九天而已。

而另一个比上述更为严重的问题是,这样长时间被困于围墙中的学生,没有每天放学路上的放松心情与欢声笑语,天天埋在书山题海中,最终患了厌学症才是最可怕的问题。

那么,造成这样问题的缘由在哪里?

我的基本分析有两点:其一是民办学校因市场需求,多以寄宿制的方式为主,而且生源辐射半径比较广,这样很不便于每周接送学生;其二是如果单周接送,频率大,成本高,并且两天时间的往返把许多时间都耗费在路上,让学生和家长都感到不值得。

如果说还有第三点,那就是学校管理者与家长的认识问题。比如,我曾建议过一所农村民办学校，把原来的双周连续授课改为单周五天授课制。但出乎意料的是，这一做法并没有得到家长的认同，反而意见颇多。为何如此？从家长的反馈中得知，他们认为孩子回家就贪玩，就不爱学习，在家里很难管理好孩子，不如在学校中和课堂中放心。当然，这里的另一种心态就是"多劳多得"，以为像高考复习阶段一样拼时间就会出成绩，以为多上课就会多收获。

  我在办学实践中也不可避免地遇到了如此问题，也存在学生距离学校远，无法单周接送的困惑。但是，我还是坚持了五天授课制，同时也兼顾了双周两天半的大假接送方式。其中，针对远道学生单周在校休息两天，我们以"假日学校"的模式来解决问题。所谓"假日学校"，其工作内涵是，值班老师在学校按照课表计划，负责安排学生的作业、特长、购物、游戏等。也就是把家长在双休日照顾孩子的活儿承担起来，让孩子在学校享受到像在家一样的温暖，让远道的家长放心，让在校的孩子们快乐。

  由于坚持了五天授课制，几年下来最大的感受是，学生们没有因为连续学习而厌学，所以，也没有因为厌学而不喜欢学校。同时，五天授课制也让教师能够劳逸结合，没有出现一般民办学校教师的那种职业倦怠。

叩问：明夕是何年

——写在 2012 年元旦

又值岁末，辗转思考，在《国家中长期教育改革和发展规划纲要》被解读的一年多以来，民办学校现今究竟行走到了哪一程？是寒风料峭还是春意将至？是处于转折点还是处于提升点？抑或，是面临重新洗牌、浴火重生？

不管怎样，2011 年对于民办学校来讲，注定是一个不凡的思考年。

这一年，民办学校认定了"用特色求生存"，把原本"用特色求发展"的说法升级改版，提高了危情等级。

这一年，民办学校学会了省思和自我批判，学会了自揭短板，知耻而后勇，为今后的大步前行积蓄力量。

这一年，温州市政府率先行动，出台了具有划时代意义的规范发展民办教育的九个文件，并立即被业内人士关注，视为信号，视为期待，期待着在体制下政府对民办学校有科学规范的政策出台。

这一年，悄然间有许多民办学校发轫于课堂教学改革，并一跃跳出了区域性公办名校的层面，成为让社会和家长激动、热捧的教育翘楚。

或许是到了民办学校需要重新调整定位的时候了，民办学校必须从初期进位时的"补充"地位走出来，像《教育规划纲要》第四十三条所指，"民办教育是教育事业发展的重要增长点和促进教育改革的重要力量"。所以，我们欣喜成为了国家教育发展的"重要增长点"，我们也荣幸成为教育体系中教改的"重要力量"。这属于社会进步的标志语，这也是民办教育如何书写明天战略的指南语。

谈及民办教育的未来走向，江苏翔宇教育集团卢志文先生说了一句意味深长的话：向着明亮那方。这句话看似很简单，却蕴含了许多艰辛，也道出了民办学校发展的不二法则。细想，民校人都会有所感受，曾经的"摸着石头过河"，就如行走在缺乏方向的暗处，但凡见到一丝亮光就激动无比，就会毫不犹豫地选定行走的走向。当然，接下来的事情就是排除万难去争取胜利。

事实也是如此，在民办学校中最关键的问题不是行路难，而是判断发展方向难。所以，对于许多民办学校的办学者和校长而言，无论何时，特别是在遭遇岔路口时，最大的渴望就是期待"导航信号"，也期待行走在前面的"探路者"反馈回来的教训或经验。

然而，问题恰恰也在这里。我认为，期待外在的帮助就是等待，这样的期待很消极，这样的期待有时的结果就是"坐以待毙"。所以，对于那些接到了温州民办教育政策"春消息"的办学者，只是想着"春风何时到我家"，想着向政府要政策要待遇，而不是积极地行动，用自身的办学业绩和改革行动，赢得自己的尊严和地位，或者说是应该用自身的行动来"呼风唤雨"，来赢得地方政府的青睐。

如果我们提出对未来的期待，那么，最好的期待就是改变自己，尽管"日子过得很温饱"，也要预测到未来的风雨，也要避免成为"温水中的青蛙"。

反观自己所在的学校，尽管目前学校社会口碑良好，学位一位难求，但我看到的是将来的危机四伏。因此，我为学校提出了"报警计划"。并针对学校发展的核心文化和短板问题，制定了下一年的行动措施。

首先，继续坚持既定的年度工作主题——全面体现学生主体地位。

其中强化到两个具体工作点上：一个是硬性推进课改走向纵深，突出学生在学习过程中的主体地位，不喊口号，建立课堂"一票否定制"；二是取缔"政教处"部门设置，横向拓宽少先队大队工作范畴，把"学生校委会"工作职能放大，让原来老师的管理主角退位到后台辅导员角色，让学生走向管理的前台，以体现学生在学校管理中的主体地位和自我管理作用。

回到主题，再谈期待。我坚信，对民办学校而言，应该让期待变为主动。特别是至今仍然处于低于公办学校还在"匍匐前进"的学校，首先是如何"站立"，如何做到"人猿相揖别"的问题，面临的是如何适应"规范办学"制度化的问题，一些学校甚至还要面临"脱胎换骨"、"凤凰涅槃"的绝处逢生。

作为民办教育人，一定要有居安思危的意识，要有敢于否定自我的勇气，否则，风雨来兮，却昏昏然而不知，试问，明夕是何年？

文化在前路在后

从字面释义,文化可谓"文而化之"。其中揭示的问题是,文化具有管理的功能。但文化管理又不同于简单的制度管理或人文管理,而是基于二者又高于二者的管理。

一般意义上讲,对于学校而言,文化是一种组织行为的积淀、提升,是要经历一个相对较长的时间后方可谈及的问题。然而,如果从文化的管理功效角度来谈,我们或许要颠覆这样的一个概念,学校文化不应该是"行为的后来者",而是"办学的先行者"。

我在从零开始创办一所新学校时,曾平心静气地与大家进行过较长时间的学校设计讨论,不仅仅是关注校舍环境,更是从办学发展的文化战略上做了一番事前的规划设计。

其中,提出的"三大办学发展策略"有:人才组织策略、教育服务策略、课程特色策略。同时,在表述发展策略中又进一步提炼出"十六字理念":以爱育爱、以真求真、发展品质、享受学习。

具体阐述如下:

关于"人才组织策略":我们的观点是,人才是学校的核心竞争力,人才如何凝聚是关键。所以提出"以校为家,家比天大"的说法,并逐渐形成一种"家文化"。具体讲,我们注重做好三件事:第一,在给教师一个相对最优的物质待遇平台的同时也给教师一个最优的学习平台;第二，我们把教师视为这个"大家"的主人了，教师也就把学校视为自己的"大家"；第三，在关心每个人的内动力发展前提下，在工资体系中真正打破"铁饭碗"，让组织肌体充满活力。

这里的做法便扣题到了"以真求真"的理念上，因为"家文化"的一种健康表述是，在这个组织里的人都是一家人，而"自家人"的特点是"讲真话、办真事、做真人"。

关于"教育服务策略"：认为教育是一种高尚的服务，这是我们办学思想的根基，是用"以爱育爱"来表述的观点，因为"没有爱就没有教育"。其中，我们把握住了三个主要问题：第一，摒弃简单的招生行为，坚决不走街串巷发传单，稳下心来搞好教育服务，让家长用满意的口碑去给我们招生。第二，一切教育行为都要想在家长前面，比如：我们周日的假日学校，很好地按课程管理模式解决了家长的负担；我们的体验基地，以"富家寒教"的理念，为家长提供了他们想要的和学生缺失的教育。第三，把考试弄虚作假、收受家长馈赠作为教师行为规范的"高压线"，这也是"以真求真"的理念落实，更是让家长放心和轻松的一种办学文化。

关于"课程特色策略"：我们构建的是"全课程"概念，包括课堂之外的教育教学。其中最核心的是"快乐教育"的落实，是从教育理念出发，从环境元素到课堂元素的研究，提出了"六加六快乐教学模板"。这也是我们的"发展品质、享受学习"理念语的价值取向。同时，我们的"英语动车组"计划，也是基于对教学的深入研究，在学科特色上做出的大胆尝试，并在几年来的实践中取得了成功。另外就是拓展课程的策略，如我们的"河南节"、"英语节"、"感恩节"便是把课本之外的教育空间找到了，为学生终生需求的素质发展负责。

可以这样讲，我们的办学发展主题是"文化在前路在后"，把文化作为方向，让态度决定一切。

第七篇
教育茶座

　　一杯清茶，几位好友，从轻松聊到不轻松，从问题聊到问题后，忽有火花点燃了思考，再由思考走进了对教育问题的惶恐。当然，也会时有不解的问号，存放在自己和大家的硬盘里，等待着用时间和实践去解答。

　　正像我常说的，问题在解决之前是需要碰撞的，因为碰撞产生了能量的转化，用物理知识讲，这属于机械能转化为内能的过程。我理解在这里的内能表现就是思考力，就是对各种问题的深加工，并生成了许多新的思考，以及新的问题。

　　看问题和谈问题需要多视角，需要辩证、综合、提炼、衍生，这是作为一名教育思考者和实践者的功夫，也是责任。

　　所以，我希望有教育情怀的人，用智慧的力量，用思想者的行动，一道分享——我们有问题的教育和有希望的教育。

我国基础教育之"九恶"

我不偏激,也不是批评家。本来是想中肯和自省地归结当下国内基础教育中的一些问题,可下笔之后却又很动情,甚至越发感到想说说的这些问题实在是太严重了。于是,不知该用什么样的语句做题,竟然把原来的"九大问题"说成"九恶"了。

还好,缺一"恶",否则就"十恶不赦"了。

1. 把高考错当成成功的终点

活到老学到老,正确的人生观下学习是没有终点可言的。但我们现今的学校教育,却从小学开始就有意无意地给学生构建一个错误的认识——高考是终点。

似乎,高考赢了就赢了终生。于是,"一切为了学生"在许多学校中就变成了"一切为了学习","一切为了成绩","一切为了高考"。特别在高中,学生的"人的存在"已经被生冷的分数淹没。

把高考错当成成功的终点之后是什么样的恶果呢?我们看到的是,进大学之时就是不学之日!不学则无术,不学则无路!今后的漫漫人生对于一个"学累了"的人来说将是何等的灾难呀!

2. 教师目中无人，只有分数

说这话很得罪教师，而教师在"分数至上"的价值取向下也很无辜，因为他们也很累。可问题还是问题，当教师走进这样的学校教育大环境中，濡染下变得很麻木。

麻木久了教师的眼中就只有分数，只关注学生考多少分，只关注分数高的学生。这是事实。一些名校班额大，老师的精力也的确无法顾及到分数差的学生。可这就是学校的人文缺失呀！当然，也有机制的原因，因社会用高考成绩来评价学校，校长就只有用成绩去评价老师，最终引导着老师成了"教书匠"，成了"分数加工厂"的"工匠"。

可学校应该是培养人的地方，教师应该是有育人为本的情怀的呀！

3. 把书本变厚使人生变薄

平心而论，如果学校只有教材的话，学生书桌上是没有几本书的。但现在的学生书桌上都堆起了一座"书山"。是谁把学生的书变多了变厚了？是考试机制，是以出版教辅资料暴富的商人。然而，这样厚的书能把学生的人生变得"厚重"吗？绝非如此！相反，在埋头书山不闻窗外的学习生活中，在脱离社会不关注能力培养的学校中，只能由此让人生所需要的综合品质流失，让人生变薄。

由此想到陶行知先生的"生活即教育"，可至今不仅教育没有走进生活，反而越行越远，并在书本变厚的情况下，我们的教育没有给予学生最重要的生活基础养分，岂不汗颜？

4. 传统课堂摧毁学生学习生命

学习是人的一种生命态，是从呱呱落地时即表现出来的一种主动行为，犹如进食。这点毫无疑问，学说话不是父母教的，是儿童在自我需求下主动从家庭语言环境中吸收来的。包括初识世界的那些"一万个为什么"，都不是父母要求和灌输的，是儿童天生的求知欲、好奇心所致。

可是，在儿童走进了学校后，在被强加进行书本学习和无休止的考试后，这样珍贵的好学品质渐渐地被摧毁。所以说，厌学不是天生，是属于教育中的"Made in China"！

李炳亭先生说了一句狠话：课改是从油锅里捞孩子。细想，此话有理。现在的传统灌输、高压下学习的课堂中，不正是让孩子在应试教育模式下备受煎熬吗？而高效课堂的变革就是在改变这一点，就是在修复孩子们主动学习的原生态，这是功德，是抢救恶劣学习环境下孩子们的学习生命。

5. 赢在起跑线上的说法误导家长

赢在起跑线上的说法只在短跑竞赛中成立，而且，只是说在不违例下的抢跑技术问题。可这一说法不知何时出现在教育中了，并误导了千万家长。于是，我们看到了许多不符合教育规律、不科学的行为正在干扰着学校教育。包括早教机构的推波助澜，包括各种补习学校的出现，让刚入学的小学生突然间承受了极大的压力，直到被这样的"赢法"逼得厌学。

事实上，如果我们真的用跑赛竞技来比喻学习，那么，至少基础教育的12年不是"短跑"，而是"马拉松"。"马拉松"是没有赢在起跑线上这一说的，只有赢在终点才算赢了。

不久前和台湾教育专家吴先生讨论比较东西方教育的问题。吴先生说，大陆教育的起势凶猛，后劲不足；而以美国为代表的西方教育是起步舒缓，后来强劲。这个说法有道理，我同意。特别是目睹我们这些经过高考后的学生，累得筋疲力尽，无心向学的状态，足以说明这点。

6. "好孩子是夸出来的"让学生的逆商降低

前些年，赏识教育之风刚刮起的时候，原本教育的面孔变得很温柔，与当今独生子女父母在家的娇宠产生共鸣。但这是"温柔的陷阱"，是残缺的教育。最终，反映在职场中的问题很严重，我们培养了一些输不起的孩子，用时下的话讲，过度赏识下的学生，在"保温箱"中走出来的学生，逆商很低。

所以，教育专家指出，好孩子并非只是夸出来的！责任、磨砺、耐挫更是成长中不可或缺的教育元素。

7. 经济利益让师生关系扭曲

有人尖锐地批评说，教师向学生要分数是一种利益驱动。尽管这话有些偏颇，但对于一些教师来说，因教出好分数而获奖、提职，也属于事实。也有人说学校在中高考中的分数也是利益，考好了，普校变名校，成为名校后就可以变着法子收费了。但这还仅仅是体现在宏观上的问题。

在一些名校中老师的具体问题或许更为严重。如，教师给学生调座位收红包，过年过节收红包，双休日在家里补课收红包，等等。结果是，原本的教师道德形象因经济利益被损伤，健康的师生关系被扭曲。于是，纯洁无瑕的学生在耳濡目染下，早早地通过师生关系受到了不该有的负面教育。

8. 超级学校很浮躁也很商业

原本一些名校校长应该是教育专家型，可现今的情况却不然。曾听一位朋友说，在他们那个城市仅有的两所省级示范高中里，校长都不是从教学堆里提拔的专家，而是从政府机关中走出来的所谓社会活动家。

这样的社会活动家很有"本领"，很懂经营之道。能够借助名校资源，变着法子向社会、家长敛财，从而达到急速扩张学校的目的，甚至把其他高中都吞并然后办成万人学校、超级高中。可这样的学校还怎么能沉下心来管理？还叫学校吗？这样的校长在追逐着怎样的目标呢？说穿了，就是在做商业，就是在发展经济，而绝不是在做教育。

9. 奥数考试成为摇钱树

奥数的初衷很美，是为了兴趣培养，是对一些有特质的学生进行"分餐就食"的操作模式。可如今奥数被利用了。

被谁利用了？政策规定小升初不让考试，一些学校就"绕着圈子"择优，社会上一些商业性的补习学校看到了门道，奥数被他们利用了。

学生、家长很无奈，特别是学生很累，很受伤。于是，深明大义的教育人说：奥数很恶！奥数养肥了一些商人，也成为这些人的"摇钱树"。

写到最后，我还是带着做民办教育的情怀，想到了《国家中长期教育改革和发展纲要》中对民办教育的定位语——"民办教育是促进教育改革的重要力量"。所以，在面对中国基础教育的种种弊病时，我想，作为民办教育人，身上肩负的责任就是，不仅要看到和分析到如上的问题，更要在自揭伤疤的心态下，努力去用心用情，用好民办教育的机制，做让人民满意的教育，还教育一个清新并有道德的本真面孔。

教育之十大浮躁

当社会处于转型时期，浮躁几乎是一种必然。各行各业各种形式的浮躁问题都会出现。但教育却是最不应该浮躁的行业，因为教育对于受教育的学生而言，具有不可逆的特点。所以，纵观教育的问题，我们必须警醒，必须拒绝浮躁。

细数一下，我国教育曾经和正在发生的浮躁现象大约有十种，谓之十大浮躁。

1. 高考

1977年恢复的高考很美好，因为高考赋予了所有考生一份公平的权利，因为那时的高考在继续着"学而优则仕"的科举规则，给人生带来了光明。

但高考随着时代在演变。

高考开始作为学习的动力、目标，如今已成为生存的迷茫、压力；原来的大学国家还承担有助学金，现在是"有分没钱难进来"；原来是"独木桥"，现在是"郁闷关"；原来的学生带着准考证像正常人一样走进考场，现在经过社会"加温"制造了"全程陪考团"、"高考一族废人"。

尽管大学生就业难，但考大学仍然"被浮躁"，仍然热度不减。

2. 英语

本来英语就是一种语言工具学科,却因为"国际化社会"的到来把它给绝对"放大化"了。当然也有早些年我国英语教学相对薄弱的原因,加上应运而生的社会补习学校的推波助澜,现在竟然喊出了"英语是未来行走国际的通行证"的口号,如此诱惑怎能不让学生与望子成龙的家长为英语"疯狂"!

在高考中,英语这一工具学科的身价至今还与数学、语文等价,甚至比文理专业化的基础学科分值更高。真是令人费解,我说也是属于浮躁。

3. 补习

除英语补习之外,包括语数在内的各种课外补习学校林林总总,随处可见,几乎可与常规学校的数量相等。那么,这是因为我们的常规学校的教学任务没有完成吗?还是因为常规学校中的老师没有校外老师给力?抑或,是家长在追逐应试中的一种从众心理在起作用?

有时,这些问题让我们这些教育工作者都颇为不解。

或许,"一对一"辅导学校的出现是针对如今大班额教学的问题。因为在大班额下,任你是名师也难以"因材施教",也无法"个性辅导"。于是,还是原来的老师,走进了"教育 VIP"特服小房间。

问题是,真的有那么多的学生必须要做课外补习吗?或许是家长的焦急,或许是社会的浮躁,造就了这样一道奇怪的风景。

4. 特长

在学生时期，学上一项或几项自己喜爱的特长，这是无可非议的事，尤其是在当今的独生子女时代，家长的经济条件都比较宽裕，也可以理解为这是家长的教育责任。然而，问题也在发展中，当越来越多的家长跟随社会上越来越多的特长培训班的商业脚步，像赶集一样领着孩子走出一家再走进另一家，把孩子们的双休日全部占领，把孩子们累得疲惫不堪。最终，很多家长可能会得到一个闹剧结尾——孩子什么都没有学会，倒是陪学的家长学会了。

其实，如果家长不顾孩子是否喜欢，甚至出发点是为了自己的面子，硬是逼着孩子们游走在各个特长学习班时，岂不知我们正在伤害着孩子的那份对知识的尊重和热爱？

所以，劝诫家长别追风，别浮躁，要适度，要根据孩子们自己的条件，选择一项或两项特长学习即可。

5. 神童

曾有一位家长，在孩子刚两周岁时，惊喜地向朋友宣布——我的孩子是神童！其实，这位家长是对比了自己在同龄时的情况后得出的结论，如果横向对比一下同龄的其他儿童，也只能说是孩子的综合发展情况比较优秀。其实，这是当下儿童生活的环境，各种信息的丰富，玩、教具的富有，身体发育营养的充足，家长、社会的关注等因素在起作用。

可问题是，在"望子早成龙"心态下，在社会媒体对神童的炒作下，一些家长开始浮躁，便不顾自然规律，干起拔苗助长的事来。

6. 超级学校

如今，不仅是"大学之大不在大师而在规模"，而且，一些市县高中名校，因为社会择优的效应，也在教育走向市场之后，制造了许多超级学校。这些学校俨然是"超级大国"，动辄几千人甚至有过万人的规模。

可以想见的是，如此"庞然大物"怎样管理？学校不像工厂，不能以简单的程序管理，不是用模板制造标准件，而是要面对变化成长中不同问题的学生，所以，各项工作的细致性、创新性决定着学校教育教学的质量。再看看西方教育发达的国家，人过一千的学校是很少见的，因为这是办学校。

那么，为何又会涌出这样多的超级学校呢？直言说去，学生多了，学校收取的择校费就多。这便是经济利益的驱动效应，这也是学校走向市场后的浮躁表现。

7. 买学生

"买学生"是让教育笑不起的笑话，但却正在进行中。以前是一些民办学校在玩市场游戏，现在在公办学校中也悄然兴起了"买学生"的勾当。什么是买学生呢？就是为了自己学校在高考或中考中能出现一些高分学生，于是，不择手段地去外校"挖墙脚"，把人家培养的尖子生花钱弄到自己学校来报考，取得成绩归为己有，这叫"给石佛贴金"。

据传，一些具有考一流大学潜力的学生已经被一些学校抬到了每生十万元甚至更高的价位；一些学校在高一招收中考尖子生时除了学费全免之外，还给学生按月发放一定的工资。

这已经不仅仅是浮躁了，我看简直就是教育的一种罪恶。

8. 奥数

奥数"被工具"了。

原本在高中阶段组织的一种数学竞赛，现在被"小升初"所利用。缘由是在"小升初"划片就学的制度下，初中学校要遴选尖子生，于是，变通政策，用所谓的奥数考试来做"敲门砖"，来跨出划片录取其他优秀学生。

在这样的诱因下，社会上、小学内，流行奥数。但奥数并非基础数学，奥数题既难又怪，奥数并不是学生的喜爱。可要上好初中必须学奥数，学奥数也让学生必然很烦，很躁，可还是要学。

9. 抢跑

这是幼儿园做的事，是指在幼儿园就提前讲了小学一年级的课，并美其名曰"赢在起跑线上"。其危害至少有两点：一是"超前学习"制造了"超前厌学"，使一些幼儿对读小学产生恐惧感；二是进入小学便成了"复读生"，因缺乏自控，孩子提前就在课堂养成了不听课的坏习惯。

至今，这样的幼儿园以及这样的所谓超前教育机构依然存在，尤其是一些农村或城市村庄幼儿园，还拿这个做法跟不懂教育的家长说事。当然，认同这样做法的家长也大有人在，因为谁不想让自己孩子进小学时就抢个风头，让孩子感受"成功"，让家长脸面有"光"呢？

幼儿园却不应该这样浮躁，因为幼儿园应该懂教育。

10. 倍增

"倍增"是一个新名词,是在发展优质教育,促进教育均衡名义下的产物。具体说是一种地方性教育策略,出发点是"强弱联手",是名校资源共享。但在实际中却并非如此,更多的是形式,是把名校的牌子挂在弱校的大门上的故事,是让老百姓看不懂"真假猴王"的故事。再说白了,即便是真的有实际内容,那也是"勾兑",让"老酒"度数降低,让"低度酒"升值,而不可能在一夜之间就能让名校"翻着跟头""倍增"。

所以,"倍增"或许不是"神话",但一定是在政绩作用下的浮躁。

素质与素养

这个命题很大,并非只言片语可以说清楚,但从简义出发,或许可以对其做以一般性的梳理。

首先谈谈素质。上个世纪改革开放之初,一批公职人员率先出国。而有些人在国外的行为表现出了问题,一些不文明的举止让我国蒙羞,被人说"缺乏素质"。其实,这里所说的"素质"概念有误,本应是"素养",或许,这属于翻译的问题。

然而,反馈到国内之后,不知何时何人,把这件事和我们的教育做了链接,于是,提出了素质教育的名词。时至今日,除了旅美华人黄全愈提出"素质不是教出来的"之外,大家都在时间推移中"被认同"了。其实,我们该说的和正在做的应当正名为"素养教育",我一直是这样的观点。

为何要辨析这两个相近的概念?因为深究下来,素质是很先天的,也常常属于人的潜质,而素养属于后天的教育,包括环境熏陶。当然,这二者之间也存在必然的内在关联。比如,一个素质很优秀的人,在遇到了优秀的环境之后,其表现出的态度、能力、行为等都会很优秀,反之,如果缺乏素质的人,尽管环境与教育都不错,可有时也很难改变其本质的一些问题。

在学校教育中,我曾举例说过:让孙海平教练来教我们的学生,是不是都会成为飞人刘翔？让我们的学生和郎朗做同学，是不是都能成为钢琴大师？显然这是不可能的。究其道理，还是一个根基于内在的素质问题。这事也可反过来想，如果郎朗出生在贫困山区，一辈子都没见到过钢琴，那么，今天的国际钢琴大师美誉也就不属于他了。

再说一种共性的素质，也就是关于学习的素质。其实，学习是作为人类，包括动物类的一种天性，是与生俱来的生命态，也属于素质。简言之，每个人生下来就具备学习的素质，都需要学习。可学习的素养就未必相同了，在好的教育环境下，有些人的学习品质就得到了全面的开发，其表现为爱学、会学和学会。否则，没有好的教育环境或学习环境，即便都有学习的素质，可因为缺乏后天教育的培养，最终的学习效果，在相比之下差距就会很明显，这就是属于学习的素养问题。

还有一个问题，我们说了好多年的一句话，"素质教育的主阵地就在课堂中"。我认为这是一个有问题的观点，至少我们应该清楚，课改只是改变了知识传授为能力培养，而学习能力的问题只属于学习素养范畴。然而，被放大并替代为"素质教育"是不对的，属于"以偏概全"的问题。

那么，我们如此来辨析这两个概念，在学校教育中又有何意义呢？我认为，至少我们可以清楚一些教育板块的切分和把控。用我的观点讲，可以把素养教育合理划分为：品行素养、心理素养、能力素养、学习素养和艺体素养。然后，我们就应该研究如何围绕着这些教育板块来实施全课程教育的问题。比如，通过活动教育唤醒学生心底的向善情结，这就是因为每个人都有向善的素质，结合了适当的教育就能培养出健康的品行素养。包括心理素养，也是可以通过活动教育，把自身缺乏的一些素质弱项给予强化。至于学习素养和能力素养都与前者相同，都需要我们在对学生的个性了解的前提下，实施个性化教育，或提升或补缺其素质的问题，这也属于素养教育。

还有一个问题需要清楚，不少学校采用了集体特色课堂的教学模式，并被称之为开展素质教育。这要做些说明，例如，把吹巴乌引进班级教学，把芭蕾训练编进课表，把乒乓球列为必修课，甚至全校开设瑜伽课等。这些做法其实就是对原有的音体美课程的一种大胆延伸，可以定论，我们的基础教育学校不属于专业学校，我们的学生们也不可能因为开设了乒乓球课之后，就都会成为乒乓球高手。这样的教育其实就是在培养和普及一种素养，是对人一生的生活品质有所帮助的素养。同时，如果我们发现一个学生的素质与素养教育产生对接了，接下来就可以对其继续提升，并走进专项发展的领域。

总之，在学校教育中，我们可以归结为：素质应当立足于发现，素养必须坚持培养。

考试谈

考试与考试情结确实是属于我国的一种国民心态，甚至有人说考试是中国第五大发明，指已经历经1400多年由隋朝创建的科举制度。

一种能长命一千多岁的制度一定是有其生命的活化细胞的。尤其是在封建帝制的专权下，开科取士，不问出身，让平民百姓通过一篇宏论文章就一步登天，打破了官民阶层的界限，这是何等伟大的制度呀！怪不得许多凡夫俗子会终生苦读，会有"诗书有味苦后甜"的感叹，所以，范进中举后会高兴疯了也当属正常。无论如何，"学而优则仕"在当时社会中就是一种社会进步，不容置疑。

中国人的聪明就在于把政治和教育融合在一起。这是一种文化，明代万历年间一个外国人利玛窦在中国感受了这一点，并且惊讶和振奋，他赶快把这件事告诉了他欧洲家乡的人们，说中国有一种在世界看来也是最先进的科举制度，是通过考试选拔有知识有文化的人来治理国家。后来又有一些来自西方的传教士纷纷考察了中国的科举制，并不遗余力地把它移植到了西方，以至于在19世纪，英美效仿中国科举制率先创建了独立于政党政治之外的官员"考选制度"。

但是，在1905年清光绪皇帝一纸废诏，结束了一千多年的科举制。

从教育而言，这是新旧教育的分水岭，甚至是一场教育的革命。因为科举的积弊问题,那种八股文章已经不适宜新型社会的发展需求了。想想也是,历史上科举取士后的官员,承担的事也的确不少,就连一个七品县令也得会干法官的事,不仅如此,还有水利工程、商务农工等,都得弄个明白。而这样的全才又不是封建教育能培养出来的,那些只埋头"四书五经"的"偏科"学子就有问题了,所以,科举考试那一篇文章是不能承担这一重任的。特别是当工业革命时代到来后,中国的教育问题便昭然若揭了,于是,中国在世界落伍了,也"被挨打了"。

挨打后国人醒来便开始了"学校教育"的制度。与科举不同的是,如蔡元培在北大演讲时所说:"大学是研究高深学问的地方,学生进入大学不应抱科举时代思想,以大学为取得官吏资格之机关。应当以研究学问为天责,不当以大学为升官发财之阶梯。"这便是废除科举制度的积极要素。

虽然科举废除了,但考试的方式仍以一种文化的积淀存在着。

至今的高考,以及人们对高考的神崇依然是国人独有的情结,并在上下延伸和愈演愈烈。尽管此时的"政教合一"问题已不再像当年那样的直接。

高考带来的应试教育弊病也被人们充分认识,因为那一个高考和为了高考的那一个分数,曾有多少学子丢弃了许多本应发展的珍贵品质,或许是如黄金一般的金色童年和少年,尤其是那一份快乐和笑容都在书山题海中被湮没。这在一些有识之士看来就是中国的"教育之殇",话不为过。

但若将此题给了批评者,并求答案,可能也只能是摇头叹息!或曰,没法子!当然,世事都在发展中,有问题的出现就有问题的解决。只是我们不能回避现实而已。

然而,当今的公务员考试,也就是我们的"国考"的出现,似乎又是一种社会的进步制度,尽管不知就里的人说我们是在学习西方的

"考官"先进模式，尽管我们不知道这"国考"的发明权本来就是我们中国的科举制，但明显地把高考与公务员考试有机划分出来就是进步，就是把"政教合一"做法分开来，让现代社会的文明机制更加凸显。不过，这还应该属于上个世纪初以蔡元培先生为代表的中国教育家的思想。

今天的"旧船票"
能否登上明天的"客船"

都说"教育要面向未来",可现行的考试和考试机制却没有给我们一个这样的注解。而是说,教育也要面向现在、面向考试。

矛盾中,我们的教育很痛苦。

矛盾中,我们的教育也很清醒。

因为社会高速发展,知识快速更新,导致了我们今天在学校里学到的知识,无法跟上明天的科技发展步伐。

于是,我们不得不去思考:今天我们所教、所学的知识,很多都不是明天能用的,那么,我们该如何去教、去学?

我们不得不去应付:因为考试仍在继续,试题还是昨天的试题。

我们不得不去叩问:今天的"旧船票",能否登上明天的"客船"?

那么,明天的"新船票"是什么样?

正面大写着"素质加能力"。

为什么是这样?今天的故事昭示了明天的世界。一款刚买的手机还没弄明白,3G智能时代就到了,而接踵而来又是"平板触摸",满世界都"苹果",让人目不暇接,一路小跑,气喘吁吁地跟着科技速度。这时所需的就是一个人要有喜欢学习,接纳新事物的素质,也要有善于学习,快速 hold 新事物的本领和能力。

所以,我们的教育再痛苦也要立足现在面向未来。

立足现在就是正视无法逾越的考试，面向未来就是提升素质和培养能力。

教育被挤到了夹缝中。

在夹缝中我们改变了课堂教学的行走方式，我们无情地在冲击由夸美纽斯铸造的班级教学模式。我们在班级教学中选择了背行之路，教会学生自学，打造高效课堂。因为"师傅领进门，修行在个人"，未来的大门只给会学习的人敞开着。

立足传统教课方式的教师也很痛苦，因为曾经的讲授很简单，很容易在考试的评价中见成果。而现在的自学、互学、讨论、评价很热闹，但效果如何却很难掌控。这是要捏着一把汗去干的事，干好了能得到分数，干差了就有背负骂名的危险。

何去何从？为了学生的明天，也为了一份真教育和社会责任，我们的课堂教学必须要改，这是一种道德所在。

因为，明天的那张"新船票"不是我们能够左右的，学生的明天是我们的责任。

教育理当如此。

从食品安全说教育安全

当下在深圳有一个笑不起来的"笑话",大家见面会问:周末去没去香港打酱油?

去香港打酱油是玩笑吗?不是,是真事儿。难道香港的酱油便宜吗?也不是,是因为国内生产的酱油不安全。不仅是酱油,包括一些常用的食品都让内地老百姓很恐惧。所以才会有这样不合常规的事情出现。

然而,更危险的不仅是食品安全,还有教育安全。

教育安全不是安全教育,不是指校车安全、饮食安全等涉及自然生命态的安全问题,而是从教育的理念认识和行为方式出发,谈如何保护学生的学习生命。

首先是违规式对儿童的智力过早开发问题,也就是我们常说的"早教"和"制造神童"。这是很危险的事,除特殊早慧儿童之外,正常儿童如果被"拔苗助长"了,那么,肯定会伤及"根系",肯定会因为违规学习而损毁学习兴趣,这绝对是违背教育规律的行为。但这样的问题却在当今的教育思想与行为中比比皆是,见怪不怪地存在着。

历史上的"伤仲永"留下的教训犹在,现今的"神童"后时代问题也浮出水面,特别是当下初中学生大面积出现厌学现象,更是一个值得深究的问题。而不容置疑的问题根源便是,在我们的初始教育阶段,包括小学和幼儿园,家长和学校一同制造了"过教育"现象。这种所谓的

"过教育"表现主要有两点，一个是知识超前，一个是深度过深。于是，在表面上或许得到了暂时看似很有效的结果，但对于多数儿童来讲，因为学习压力过大，过程缺失了学习的幸福感，很有可能产生畏惧学习的心理。显然，这是一种得不偿失的做法。

还有一个问题是，对"全面发展"概念的误读，许多家长早早地开始为儿童安排种种课外"辅导班"、"特长班"、"兴趣班"。然而，可能的问题是，家长的兴趣不是孩子的兴趣，家长期望的特长不是孩子所具有的潜质。或许，这样的"教育添加剂"会使儿童"倒了胃口"，最终儿童不仅没有走向全面发展的境地，而是以失去快乐的童年为代价并对学习显现出厌倦。

其实，许多成功人士的经历都在诉说着"全面发展"的不现实性。数学家华罗庚的语文很弱势，韩寒的数学一塌糊涂……这些现象都说明学有专攻的客观性。所以，我们所说的全面发展或许是一个基础概念，但不应该为其所困，忽视每个儿童的独有的天性，而去强迫其进行"过教育"。这样的结局有时会伤及儿童的学习生命，也就是上述的"教育安全"问题。

或许，用"教育安全"来说事有点危言耸听，但若把一个人一生所需要的学习态度看做是学习生命的质量时，这个问题就很严肃了，就必须予以高度重视，因为儿童的成长过程是不可逆的。

教育在"温饱"之后

"**温**饱"、"小康"的话题由来已久，但真正对"温饱"有感受的人还是 80 前一代。那时，中国处于经济低谷，在供给制下，粮票、肉票，甚至连白糖和豆腐都要用票来购买。过年了，有能耐的人就弄一些白米鱼肉回家，饱食一番。

后来，在改革开放初期，人们刚刚步入"温饱"的时候，餐桌上的大鱼大肉备受欢迎，因为肚子已经饿了好多年，所以，吃饭就讲个实惠。再后来，肚子里油水足了，大鱼大肉吃腻了，人们就对"无肉有味"的螃蟹产生了兴趣。特别是现在，竟然是吃得不知道该吃啥了，干脆吃野菜吧！于是，原来那种"管饱"型的大饭店变成了各种风味大酒店，以供食客们选择。并且，各种菜肴都能弄出一些花样，除了色香味形之外，还要在冷盘中放一些不能入口、只能观瞻的雕刻一类的小玩意儿。

可见，人们在"温饱"之后的追求是适合的口味，或说得阳春白雪一些，原来的饮食没文化，现如今吃的是"饮食文化"。

教育是上层建筑。在社会发展中，上层建筑必将落后于经济基础。所以，至今教育也没有达到"温饱"。

那么，就目前我国教育的现状来讲，老百姓想给孩子找一个价位合适又质量过得去的幼儿园很难；农民工进城了，孩子入学很难；幼儿园缺、中小学也缺，至少在许多地方是这样。政府之前的解释是"国家财力有限",但现在应该说有钱了,也应该把钱用到教育上了。所以,教育即将走向"温饱",这是当下教育发展的大势所趋。

但是,"温饱"之后人们还会对教育有新的要求。比如,超过80%高考录取率的事实让"独木桥"时代过去了,可随后人们又看到了"名校独木桥"的出现。这就像大多数人在中低档酒店即可以果腹,但还会想去高档酒店吃大餐、吃风味,这属于人的正常心理。

还有,那次我去新乡原阳县调研,发现许多坐落在乡村的学校几乎快变成了"空巢",学生都去城里读书了。为什么是这样?我曾做过一个假设来说明这件事——一些不差钱的人,你若天天送给他们简单、只能饱腹的免费餐,他们也不会接受,他们宁愿去选择能够消费得起,能够品味到美食的饭店。这就是说现在的农民也不差钱了,也有能力为孩子选择学校了。特别是在中国,"学而优则仕"的教育能帮助普通人完成"改换门庭"的期望,农民把子女送进城里的好学校读书就是"温饱后"的行为。

如此分析下来,我们可以断言,当中国的教育发展水平提升到超越"温饱线"之后,教育就"繁花似锦"了,各种具有特色的学校就会应运而生,以供家长和学生进行选择。那时,中国的教育才能与世界发达国家的教育接轨。

所以,未来的学校必将走"以特色求生存"的道路。

择校确实很纠结

择校不仅让家长很纠结，最纠结的是政府和教育主管部门。因为，择校和因择校引发的教育均衡问题是一个社会大问题。所以，我们在理性思考下就会知道，择校问题背后有着诸多与社会相关联的因素，甚至从另一个侧面来看，也可以说这是一种社会进步过程中的必然现象，而不仅是负面问题。

于是，研究择校问题就当从决定这一现象的诸多因素开始。我认为，首先应该从改革开放的历史沿革来分析，其中，至少有如下三个因素的存在：

1. 重点学校的机制制造了择校问题

这是从改革开放之初就有的问题，当时教育资源极度匮乏，各地政府采取了"集中精力打高考升学战"的普遍做法。并且，在上个世纪的80年代中期，重点学校的"考试择优"方式，也的确起到了推动基础教育发展的积极作用，也符合了"让一部分人先富起来"的社会发展动因。

不过，任何事物的发展都会遵循哲学规律。择校促进了教育发展，择校也制造了教育的不均衡。最后，物极必反，在上个世纪末愈演愈烈的"制造名校"运动中，问题就已经浮出水面。尽管教育主管部门把"重点校"名字取消，并以"示范学校"来削弱人们心中的"重点意识"，可是，已经形成和被社会公认的"重点校"怎能因改名就可以削弱呢？

2. 为政绩制造名校的问题

因为名校是各地政府的"教育名片",所以,各地政府在对名校的财力投入上不惜代价,几乎无一例外的,各市县都在此间开始翻建名校,制造出让人炫目的新颖亮丽的现代化校舍。然而,有限的教育财政拨款就"厚此薄彼"了,教育的不均衡问题也由此变得越发严重。当然,不仅是在硬件环境的改造上,包括软件的投入,也出现了不均衡的问题。

3. 为了"择校费"制造"超级学校"

现在,各市县都存在着动辄五六千人,甚至过万人的"超级学校",一般属于在高考效应推动下的高中名校。需要清楚的是,这种现象并不是政府所为,而是市场机制下两种功利思想作用后的必然。

其一,作为家长为了给子女选择一个好的高考升学环境,并且在力所能及的条件下,在迫在眉睫之时,大都不会顾及其他,谁都会想尽办法,花钱找门路把孩子送进当地最好的学校。

其二,作为学校也是如此,在教育经费不足的情况下,在改扩建学校的经济需求下,除了规控的必收学位之外,在地方政策下,在条件允许的情况下,力求多招收一些交择校费的学生。这样下来学校的规模就会在收费之后继续扩建;于是,生源规模不断在收费中增加,学校就必然走向了"超级学校"。

综合以上分析我们可以清楚一个道理,前两个因素是可以通过政府行为来调整和控制的,但第三个因素是属于市场行为,是解决择校问题的终极症结所在。

谈到这里,我们的话题应该集中在两个词上,"选择"和"均衡"。

首先谈选择。我认为,选择的本身是一种自由,是一种解放,是一种社会进步。为何这样去说?我们可以对比改革开放之前的社会状况来思考,那时,由于户口、粮票、人事关系等因素,决定了整个社会人员的稳定，也决定了个人被工作单位、生活地点所束缚。于是，人们会感受到不自由，很受约束。后来，在经济发展后粮食供应这个捆绑约束取消了，人们才感受到了选择的自由和惬意，也由此出现了外出打工和异地发展的社会活力。

教育是上层建筑，是由经济基础决定的。所以，教育的选择是在经济发展之后的事，包括在经济允许下为子女选择本地好学校，也包括为子女选择一些适合的民办学校等。这里的选择尽管有些是出于条件无奈，但毕竟是有学校可选。所以，教育选择从客观和规律上讲不是坏事。

再说均衡。我认为均衡不是平均，因为绝对平均的事就是不均衡。例如，过去的"大锅饭"机制下工资水平很平均，但这恰恰是违背了多劳多得的原则。所以，这个平均的实质就是不均衡，就是一种阻碍社会发展的问题。正如后来在改革开放后我们看到的那样，打破了"大锅饭"的机制，社会经济才获得了飞速的发展。

其实，社会发展也如单摆的运动，摆到平衡点只不过是在一瞬间，更多的情况是向着不平衡的方向发展。但也如物理上的解释，在惯性下的单摆越是偏离平衡点时，受到的回复力就越大。这就好像我们话题中谈到的问题，教育因择校出现了极度的不均衡后，一种社会责任在促使教育必须重回均衡。

最后还是从哲学的角度来阐述这个观点，均衡只是相对而言，不均衡必然存在。比如，在教育主管部门的作为下，尽管各个学校的硬件投入基本均衡了，尽管人力配置和调整的操作也相应到位了，但是校长的管理水平肯定有差异，特别是在校长自身能动发展过程中，在竞争意识下，工作效果必有不同。于是，在"好校长就是好学校"的实际效应下，依然显出了不均衡，依然会因不均衡制造择校。所以，这便是客观机制决定的问题，是不以人的意志为转移的必然结果。

或许，择校这个让人纠结的问题，在实际中绝非可以简单地运用行政手段能解决，因为选择是每个人的基本权利。所以，教育均衡的实现不能过于理想化，只能是在大力做好公办教育的普惠结构上，由民办教育为社会提供选择性的教育服务。

读《论语》说"有教无类"

一般说来,"有教无类"的正解是指,不论什么人都有接受教育的权利。这也是目前我国在推进"教育公平"和实施"普惠性教育"的基本思想。

《论语·卫灵公》:"子曰:'有教无类。'"这句话在《论语》中没有解释出处,很突兀,很简单。于是,在正解之外,便有了从谢质彬到易中天先生的另解。他们认为这句话的意思是"有教则无类",也就是说,人在教育之前是有差别的,有贫富、贤愚等差别,但是教育之后就没有了这些差别。

姑且不说其对否,只从几千年来,一直延续至今的"学而优则仕"就可见道理。一介贫民,不论出处,只要苦读并读明白了就可取仕、做官,从古到今都是如此。也可以说,无论是封建社会体制中的"科举制",还是我们今天的"高考"和"国考",都在一定意义上体现了《论语》的"有教无类"。

借用后者的说法,用到今天的教育思想建设上,也有人不无批判地认为,"有教则无类"是违背现代化个性教育思想的,是通过教育的过程,"生产"出模板化的同质学生。据此,"有教则无类"对于教育培养创新型人才是一种理念的羁绊,至少新加坡国立大学教授石毓智是这样认为的。他在讲学中多次以颜回为例,批判了孔子宗师思想对学生教育的问题。

但我以为，至少有两个观点要清楚：一是，别用"圣人"去求全孔子，或许孔子的教育思想更多的都是后人发掘和提升的，而当年的孔子就是一个教书先生；二是，《论语》不是孔子的系统论述，是"语录片段"，常常是此一时彼一时的论述，是很容易被断章取义的。

所以，当我们读"性相近，习相远"的时候，又会理解到，"性相近"是指起始的相同和可教性的一致，"习相远"或许是指受教育和没受教育的差别，也或许是教育之后还会有差别。"君子和而不同"，就是认识到了教育差异性存在的说法。

当然，如果纵观几千年孔子教育思想被统治者利用的事实，我们或多或少会有些遗憾，因为孔子的教育思想中的确缺少批判意识，的确和现代教育的创新思想以及培养适应社会发展的创新型人才有差距。但毕竟那是两千多年前的思想，所以，我们学《论语》要活学，要汲取精华。而且，《论语》不是《圣经》。

学校"三品"

学校有"三品",即品牌、品质与品位。三者有别,并相互关联,需要辨析,需要管理。

首先说品牌。这是一个很市场、很外在的一种缺乏规则的概念,甚至在许多情况下属于"公说婆说大家说"的一件"外衣"。

例如,一类是具有相当的公信度,由各级政府主管部门用评价机制确认的教育品牌学校;另一类属于机构或媒体以活动形式推出的品牌学校,但这多少都具有一定的商业运作味道于其中;还有一类属于社会口碑传播的品牌学校,这是需要家长与学生通过体验而形成的,但无牌牌可挂,不过很重,也很厚。除此,也有"自我加工"的品牌学校,说穿了就是用广告"打造"的,一般是在市场下运作的初创学校,不惜重金"贴"出来的所谓品牌。

真正的学校品牌是需要有支撑"骨架"的,而这个"骨架"应该是学校的品质。

品质是一个组织的内涵,是有深度和广度的内在客观存在,并因此而呈现出一定的外在表现。品质涵盖的内容很具体,包括办学方向和办学追求的高度,包括教育教学的质量和水平,包括学校人文环境和制度运行的健康程度,也包括学校对教育服务的认识和实施。

品质不是外力可以施加的,而是经历办学实践积渐而成,以成果显现出来的真实。

总之,品质是学校的"骨架",也是学校的内核,是通过管理,通过实践得到的一种表征,是学校办学质量的基本概括。

或许我们可以这样讲,用品质支撑着品牌,再以文化滋养才可以谈及品位。

品位表达的是学校的高度、气质。相比品牌、品质,是学校叙述的高级语言,是学校管理的境界所在。所以,有品位的学校一定是超凡脱俗的,一定是在文化界定的追求上有别于一般,一定会给人一种耐人寻味或有一种"跳出"的感觉。

有品位的学校很大程度上取决于校长的教育境界,也是由校长的创新意识所决定的。因为,掌控着学校发展的文化底蕴在于校长的意识作用,推进学校的品位追求在于校长提出的理念高度。

概而言之,品牌似乎可以说是"外壳",甚至是可以移植和嫁接的,说得俗一点就是"借壳"的问题。对比而言,品质是学校的"内涵",是真真切切的功夫所在,也是学校的"血肉之躯"。而品位或许可以描述为学校的"灵魂",是让学校表现出生命张力的管理文化。

忽见美国也搞应试教育

业界早有议论，说我国在应试教育弊端凸显时，大家都把目光投到美国去寻找素质教育思想。然而，美国此时却反而开始搞起应试教育了。如此的中国向右和美国向左，其缘由何在？又透出什么样的哲理？

《中国教育报·环球周刊》在2012年3月23日用一个整版对此作了解说，文中对前美国时任总统小布什签署的《不让一个孩子落后法案》做了10年运行中的问题阐述。读后颇有感慨，很多问题都与社会发展的哲学相系。似乎是一种规律所在：问题出现导致解决方案，解决一个旧问题之后就会滋生一个新问题，如此连绵成环。同时也印证了一个社会发展的"钟摆理论"，所有的偏离都会由此产生一种指向平衡点的"回复力"，但最终又总会越过平衡点，再次出现新的、反向的"回复力"。

回到具体事例来说，美国10年前的基础教育是以发展学生个性为导向，不注重学生的学习成绩，关注的是能力、兴趣、特长的发展。正如旅美教育专家黄全愈先生在《素质教育在美国》里所描述的那样，美国的教育很有时代性，很有教育味。或许正是如此，美国以此为基础教育走向后，发展到了一个"自由甚至有点乱"的极致，让大家看到了许多教育不公平、不均衡的社会问题。于是，《法案》应运而生。

无论如何，《法案》出台的初衷很向善，很有社会责任情结，很想走向教育公平的境地。但是问题出现在两点上：第一，绝对的教育公平只是一种理想化的目标，而理想化的任何追求最终都会脱离现实存在的意义，更何况这种教育公平被简单看做了"教育平均"；第二，美国在追求这一教育目标的时候，方法出了问题，是采用了一种叫做"标准化考试"的应试模式来实现设定目标。

所以，10年中美国的基础教育陷入了像中国的应试教育一样的窘境中，一些学校的课程建设唯考试为准，不考试的科目，如音体美等学科在学校中地位低下，甚至有被取消的趋势。学校也如我们，变成了"工厂式学习"、"标准化教材"、"统一考试"。一切都被考试这个评价模式所牵引，走向了分数至上的方向，丢失了原来的创造力发展，有个性人才培养的原则。于是，《法案》在行走中受到了美国教育家的批评，包括美国教育部长阿恩·邓肯也说：《法案》是有重大缺陷的……在强调考试成绩的同时，衡量学校行为的基本标准却使课程弱化。尽管学生正在取得学业进步，但以偏概全的责任体系却给学校错误地贴上了"失败"的标签。我们看看吧，这多像我国的教育现状啊！

现今，我国正在努力改变着我们基础教育的状况，尤其是我国教育被应试压迫着，已经负重难行，已经是看到了如何回归教育的本质，开始追求现代教育。所以，中国基础教育在行动中，而且，目标直接指向如何培养未来社会发展所需求的人才，方法是从不断的课改中寻找出路。

美国近来对《法案》的批评这件事，对谁来讲都是件好事，是他们自身走了弯路后的再思考，也是再一次对现代教育的方向性发出拷问。所以，针对我国基础教育的改革，这件事的意义是，让我们能够继续坚定不移地搞课改，并成为继续深入走向素质教育的一种理性借鉴。

为啥有那么多的英语补习学校

为什么有那么多英语补习学校？为什么除了在校学英语之外还要去补习？

这个问题让人很纠结。

是英语非常重要吗？我看未必，语文和数理化难道就不比英语这个纯工具学科重要吗？

是英语难学吗？我看更非如此，比较下来还是数理化难一些。

是学校没有好的英语教师，没有教好英语的水平吗？我看也不是。

那么，社会上办起了如此之多的英语补习学校究竟有何道理？

人们说，存在就是道理。

这个解释很概念，只有纵深去讨论才可以得到真解。

这点必须从幼儿园教育说起。幼儿园时代是语言发展的关键期，学英语很简单，但我们却因为母语还没有学好，真怕学了英语丢了母语，至少幼教专家们是这样想的。但是，如若在幼儿时期连英语都没有触碰过，那么，到了小学再学英语就是问题了，因为错过了对语言的敏感期后去学英语必然有畏难的感觉，何况我们是处在没有英语生活环境的情况下，是学而不用的。或者说，英语对我们的学生只有一个考试需求，没有生活需求。这是缺少学习外动力的问题。

于是乎，一些幼儿园便热热闹闹地开设了英语课程，想着为家长解除将来孩子们进小学时的英语"拦路虎"。但问题是，许多幼儿园把英语当知识来教了，诸多的单词记忆，诸多的句子使用，都局限于课堂教学方式上。最终，面对这个对孩子根本无用、也根本没兴趣的东西，因为我们过分的教学，使儿童还没有走进小学教学体系之前就已经对英语产生了厌倦。对比下来，在幼儿园这样去学英语可谓糟糕至极，因为英语课绝非像我们教孩子学中文语言课那样，有那么多好听好读的故事，并且学了就有用武之地。所以，幼儿英语教学很悲哀，很无奈。

不过，如此分析下来，毕竟我们知道了社会上开设了那么多英语补习学校的原因，是因为在幼儿期间没有构建一个好的英语基础，当孩子们进入小学学习英语时感到畏难。

接下来的问题便是，在幼儿教育期间，在不影响母语学习的前提下，如何学好英语？如何为孩子们进入小学打好英语基础？这个英语的基础究竟是什么样的标准？

我的观点是，幼儿阶段的教育母语是首要的，但英语学习亦不可忽视。至于英语学习的标准，我认为应该是培养英语的语言感觉和兴趣，仅此而已。

所以，我为我们的幼儿园选择了一种叫做"新新英语"的课程。这个课程的特点是把英语学习做了一种很技巧的转移，不是直接把英语当作知识来教，而是通过英语课本剧的模式，巧妙地借助了幼儿的表演欲，告诉孩子们的是"我们不教英语"，"我们学习表演"。于是，演绎出了谁想登台演主角，谁就得学好英语台词。这样下来，孩子们在表演欲的驱使下，有了一个"简单并直接的目的"，自然就有了一个学习英语的外动力。或许说，孩子们也很功利，但这是一种健康无邪的功利。

我们不妨作为结论说：如果我们在幼儿时期为孩子们铺垫了一个英

语感觉和兴趣的基础,那么,到了小学再系统学习英语时,孩子们便不会畏难。并且,我们还可以定论,相比之下,诸多语言中英语当是最简单语种之一,是很容易学的一门学科。所以,在幼儿时期科学地为儿童打好英语基础,之后孩子们便会轻轻松松学英语,我们会远离让孩子们无奈、让家长们心烦的英语补习学校。

"第八次课改"的后思考

近来有一个说法,历经10年的新中国成立以来的第八次课改"无疾而终",第九次课改悄然启动。2012年春节刚过,教育部修订版"新课标"已然面世。那么,第八次课改在"低沉旋律"下的"挽歌"诉说了什么?这是一个值得我们思考的问题。

我想,作为一名教育思考者和实践者首先应该搞清楚的并不是"结束和挽歌"的问题,而是应该从第八次课改的初衷与进程中所遇的问题去理性分析。

第八次课改,尤其是在课堂教学上提出的新课标在内容、过程和评价上一共有三个改革要点:

第一是改变课程内容"繁、难、偏、旧"和偏重书本知识的现状,加强课程内容与学生生活以及现代社会和科技发展的联系,关注学生的学习兴趣和经验,精选终身学习必备的基础知识和技能。

第二是改变课程实施过于强调接受学习、死记硬背、机械训练的现象,倡导学生主动参与、乐于探究、勤于动手,培养学生搜集和处理信息的能力、获取新知识的能力、分析和解决问题的能力以及交流与合作的能力。

第三是提出教育教学评价的改革将主要在评价的功能和评价的方式上有所突破,要充分发挥评价的教育功能,而不能仅仅把评价作为筛选与甄别的工具。

基于新课标的这三点改革问题,再回顾这十几年的课改之路,我们会不难看出其问题所在。首先一个问题就在第三条,我们的评价功能和评价方式至今无法撼动。于是,作为第一条而言,即便我们改变了原有课本的"繁、难、偏、旧",可被社会左右的各类海量的"补充"学习资料却依然如故,甚至为了更好地"补充",还要甚于以往。包括这些年蜂拥而入的各种所谓文化补习学校的兴起,也在说明着问题所在。这正是"东边晴天西边雨","课内损失课外补"的情况。

至于第二条所说的课堂学习过程的改革,事实上也被后者所左右。尽管许多学校在积极推进着课堂教学模式的改变,包括前些年的一些推陈出新的"课堂表演",包括形式上的"小组合作"学习模式,也包括一些点缀教育思想的"研究性作业",等等。最终,都因为考试、分数的鲜明目的所在,而被"形式化"了,甚至连最初的"格式化"也都只是昙花一现而已。

这些事实下,我们不能不思考,新课标推进的障碍在哪里?我们能够改变的是什么?我们不能改变的又是什么?

甚至,我们还要思考,是否陷入了孟子的"鱼和熊掌不可兼得"的两难境地?抑或,这又是一个新命题,让"鱼和熊掌必须兼得"?

深度思考后,我们必须清醒,现行的考试评价机制和方式,至少在一个较长的时期中难以改变。于是,我们还是要把改革的动力点放到课堂教学的思想和方法上。此时要反思的问题也很清楚,原来在推进新课标的课堂教改时,一直如坚冰难以打破的是什么?是教师如何还权给学生,是教师如何不去当课堂"教父"和"霸主",是真正地让学生成为课堂学习的主人。

但过去在这一点上我们的课改做得并没有到位。所以,现在的一些在无奈中寻找课堂改革突破口的教育人,不得已再次提出了"新课改"

的说法，并且，在行动中也有了大胆的新举措。或许，不知是否可以叫做"第九次课改"的前奏曲，但至少，让学生自学、讨论，让学生在课堂中展示学习成果，向老师和其他同学发问，并有了主动解答同学之间问题的"抢沙发"权利等做法，这是新课改所改动的关键落笔之处，是落实学生是学习主体的实际行动，是理念，不是口号。

正是如此，我们在"悔过自新"，在"碰壁回头"中，找到了一条改变自己的道路。而且，在学校的班级学习模式下，这样的新课改，还体现了现代教育的一份高贵品质，能培养学生终生"爱学习"和"会学习"的能力。这是让教育在道德的层面上熠熠生辉的变革，这也是教育与时俱进的必由之路。所以，我们今天看到的第九次课改，首先斧砍的是教材的难度，这也预示着接下来的课堂教学中，不用再去重走填鸭式教学之路，特别是后续的评价体系，中高考的改革若是"真刀真枪"地进行，则我国的教育幸甚，学生们和家长们幸甚！

以人为本之我见

  管理中最美丽的理念或口号就是以人为本。
  于是，演绎中便有了"管理就是管人"的说法，并且都有一个共识，人是任何一个组织的核心竞争力。这也是我们在跨越了工业社会阶段，进入21世纪后的社会文化主题。

  以人为本直接影响着学校管理和教育理念。不管一所学校的校长是否真的认识到位，但至少在口号上没有谁不去讲"以人为本"的。包括一些教育概念的出现，如"师本教研"、"生本教学"等，都突出了人的意识以及对人的尊重。毋庸置疑，这些都属于一种社会进步的文化表现。

  特别是近年来在学校中对于学生安全的管理上，由于我们对生命的敬畏，在以人为本的理念下，各个学校都把安全工作提高到头等大事的地位上来认识和操作。而教育主管部门更是如此，把学校安全问题直接与校长的"乌纱帽"链接起来。其实不仅是学校，上至教育局领导或更高一级领导也都"被链接"着。这是一种制度管理，而且装载的内涵是对生命的重视，是以人为本的管理。

  这本来无可非议，但细细想去，就存在问题了。如，因为安全，几乎就没有哪个校长再去触摸春游、秋游这些"烫手的山芋"了。于是，学生的校园生活便单调无味。包括原来的那些学工、学农，到工厂参观等社会实践，如今也都悄然淡出了学校的工作计划。或许也有应试教育压力的原因，但正面的解释肯定还是由于安全和以人为本。

其实，上述问题是对以人为本的浅解。我以为，以人为本的真谛是"一切管理都要体现出对人的尊重，一切管理都要以人的发展为本"。

比如，我在为学校制定"学生守则"的时候，没有去用那些简单硬性的约束性条款来叙述问题，因为我认为那些"七个不准、八个不行"的说法就不是以人为本，就没有体现出对学生的尊重。所以，我用了"谁是北大附小人"的题目来代替"学生守则"。

爱读书、到街里最喜欢去书城的，一定是北大附小的学生；
见到校园垃圾就随手捡起来的，一定是北大附小的学生；
在家孝敬父母、在校尊敬老师的，一定是北大附小的学生；
学习能吃苦、生活很简朴的，一定是北大附小的学生；
见熟人会问好、遇路人有微笑的，一定是北大附小的学生；
能够主动帮家长做家务的，一定是北大附小的学生；
不说脏话、在公众场所彬彬有礼的，一定是北大附小的学生；
热心肠、能主动帮助有困难同学的，一定是北大附小的学生。

这里我又把这八条叫做我们学校学生的"道德行为标识"。从行文表述中不难看出，我没有用强令，而是重在引导。这就是我对以人为本管理思想的理解和运用。

另外，回到上述问题。学生外出活动，是学生全面发展不可缺少的教育行为。所以，不能因为一个安全就剥夺了学生的这项权利，不能"因噎废食"。作为校长的工作是，必须在做好充分的安全防范准备工作前提下，积极组织此类有益于学生发展的活动。

然而，有些教育管理部门的人却不同。或许是"官"做久了，滋生出了一种"以官为本"的工作意识，事事唯命是从，很少从学生教育的角度出发，很怕承担责任。而且，面对此类问题大多也是有说法的，也用到了"以人为本"，不过，这是前后台词的问题。

所以说，以人为本的关键在于落实，做到"以人的发展为本"才是真实的和最终的以人为本。

人生也有"跳空回补"

"跳空回补"是股市中的一种规律，我不太懂，只知道在K线图上突然出现比前一日收盘价还高的开盘价时，就会有一个缺口。尽管接下来还涨，但早晚有一天会下调回补这个缺口。

人生也有这样的问题。

尤其是在中国目前的教育体制与现状下，儿童应有的课外和家庭中的游戏活动时间被学校占领了，这就是一种缺失，相当于人生出现了"跳空缺口"。

尽管在小学阶段，儿童会以很内在的因素去与之抗争，但却在家长、老师和社会的强势下，被"分数与作业"所迫，无奈中丢弃了原本是生命成长中所需要的玩耍过程。于是，有些儿童到了第一青春期，也就是刚进入初中时，开始了叛逆。其表现是厌学、贪玩，其本质是遵循着生命成长的规律，寻求"回补"。这事儿让家长与老师很郁闷或不解，不知这里的究竟。

或许，在更加强势的外力作用下，多数孩子也只能委屈继续"上行"。但到了高考之后，满足了家长与老师的愿景之后，也有了脱离家长监控的时空，于是再次寻求"回补"。这就出现了大学中那些不再进取、嬉皮玩耍的一族。这也必然，属于规律所在。

最可怕的是大学毕业后再"补课"的那些学生，已经二十大几了，不立事，整天泡在网络的虚拟世界里玩着儿童级别的游戏。客观地讲，这一年龄应该是步入社会最具有热情的季节，是青春年华激情绽放的季节，是应该如饥似渴地学习、踌躇满志地前行的时期，但却多有被"游戏"了的状况。所以，当我们这些过来人，尤其是经历了"文革"，青春时期被耽误了的人，看着有些大男孩和大女孩玩起了儿童版的娱乐，很是不解，也很是惋惜，以及担忧。但这也属于"跳空回补"。

老子说：人法地，地法天，天法道，道法自然。可见，最终的规律还是在于自然，谁违背了自然规律，自然就会出问题的，包括我们的教育。

特长风

<big>学</big>校内外都在刮风,刮的是学生学习特长的风。很久了,从上个世纪谈素质教育开始刮的,至今十几年了,可谓"特长风"。其中人云亦云,跟风而行,凡是家长,在孩子上学后都要考虑这事。甚至不问孩子喜好,不看孩子基础,不懂为孩子选适合的特长项目,哪儿人多就往哪儿去,报一个班还不过瘾,在双休日"马不停蹄",带着孩子走出这个班又进入另一个班,把孩子们累得苦不堪言。

曾有人问:孩子为什么一定要学一门或几门特长?不学特长行不行?孩子学啥特长由谁来决定?这些问题有时很费解,但若细想下来又很简单。不妨从下面三个角度去议论一下此事:

风起之源在何时

上个世纪 90 年代中期,来自西方的素质教育思想走进了我国教育。开始,人们未能领会这一新概念的内涵,多是在学校中强调了艺体特长活动的开展,并由此誉为推行了素质教育。虽然这并非是素质教育,但学生和家长却有了很大程度的认同。因为,毕竟学有一门专长是个好事。

既然有学生和家长的认同,就有市场效应的出现。特别是社会上,熙熙攘攘、形形色色的特长班便出现了,不仅是艺体专业,还有因我们走向国际化而带来的英语热也被催生。后来就是各类与之配套的艺术考级、英语考级应运而生,包括各种相应的竞赛、表演等。这就相当于给孩子们的特长学习搭建了"舞台",或建设了考试机制,同时也使家长有了你追我赶的目标。

于是,特长风越刮越烈。

风起后,家长咋办

跟风而至的家长在初始阶段还好,可后来的问题也便接踵而来。如,家长一片热情,孩子却在抵制,在和家长与社会争夺属于他们双休日享受快乐的权利。又如,家长喜欢的是让孩子弹钢琴,可孩子却喜欢轮滑,这个冲突咋解决?家长领着孩子入门,可孩子浅尝辄止,缺乏坚持,这时家长又如何面对?等等问题都在困惑着我们的家长,特别是那些急功近利的家长。

我有三条建议:

1. 首先是把选择权交给孩子。问问孩子喜欢啥,尊重孩子的自我。当然,许多年龄小的孩子是缺乏自选力的,是需要家长把相应的选项放在他们面前,或恰当地指导他们去选择。但必须是给孩子选择权。

2. 家长的责任是发现。这是在领孩子入门后的第一件事,要协调专业教师,经过一段时间的学习过程去发现,看一看孩子是否具有该专业的潜质。比如为孩子选择了棋类特长,可孩子就喜欢动,喜欢舞蹈,那么此时就应该予以调整所学方向了。

3. 家长有责任帮助孩子坚持。确认孩子在所学专业有一定潜质的前提下,而且已经在一个阶段中初入门径,正处于进一步提升的困难期,正由刚开始的"好玩"到进一步的"好难"时,这时候的家长就必须帮助孩子坚持下来,因为我们不能让孩子浅尝辄止、半途而废。

特长项目是有品质的

多数家长的目光集中在过热的艺体、英语特长中,但有些不被关注的项目品质是很高的。如口才训练,使孩子终生受益,特别是在走进社会后,在群体活动中,往往是因为表达问题清晰、简洁,演讲鼓动性好,在竞争中会赢得好机会。同时,这也是我们说的"领袖品质"中的一项。又如,围棋专项,这是我认为非常高级的特长专项。因为,围棋思维很厉害,在布局中就必须有全局观,就要学会形势判断,在绞杀中的弃子战术又要有得失观,在整盘过程中要具有耐力,在收官中要坚持寸土必争的原则性。所以,这样的特长培养绝对是高品质的,是培养未来能做大事的人文品质。

至于英语特长,我个人认为它是不属于高品质的,甚至是不属于有品质的,因为英语充其量就是一个交流工具,而且面临大众化的发展趋向。所以,它仅仅属于数理化之类的学科类提高而已。

当然,尽管各类特长的品质不同,但我们也不能都去选择那些"含金量"高的专长,而是要实事求是地根据孩子的潜质和特性,来确定适合孩子发展的专项。

总之,为孩子选特长这件事有两个原则:一是适应性问题,不要盲目跟风凑热闹;二是适度性问题,不要贪多把孩子的假日弄没了,最后适得其反,让孩子把原本有兴趣的事弄得厌烦了。

人生赢在拐点上

在中国做事,人们有很多赢在起点的说法。如,好的开端是成功的一半;又如,走马上任的新领导要"踢开头三脚"、"点好三把火";再如,幼儿教育所热衷的口号是"赢在起跑线上"等等。

这些说法有道理吗?应该是肯定的,但必须具体分析,这里所说的"赢"都不属于最终,甚至不包含过程,只是前提、期待,抑或是信心。

如此下来,又有一说法,叫做赢在终点。最典型的一句话是"笑到最后才是成功",最典型的故事是"兔子与乌龟赛跑"。这是一种什么样的概念?我看是目标管理和终点管理的说法,是强调坚持心态,是追求完美的哲学。

可以这样说,上述两种观点或说法都对,因为谈问题的价值取向不同。

然而,如果纵贯人生,用发展的眼光来认识和解析人生,我们会发现,真正决定人生是否能走向成功的终点,关键在于人生旅程中的一些"拐点"。

这样的"拐点"很多,重要的有两个具有普遍性和关键性的"拐点":一是第一青春期,大约在初二阶段,属于学习生活的一个"拐点";第二个是工作时的"择业性拐点"。

青春期的问题确实会让家长和老师们很头疼,因为这时候的学生生理与心理同时处于突变状态，原本在压迫下的一些潜伏的心理问题，以及外在的一些影响因素都会对其起到前所未有的作用。

如果之前所处的家庭很民主，就读的学校的教育模式也很健康，一般来讲，这一时期会比较短，也会相对稳定地度过。反之，如果所处家庭的教育不得当，很强势，以及就读学校和所遇老师对学习要求很严格，不健康，则很可能会出现孩子在学习态度上的极度叛逆。有时，当问题出现后，家长和学校还不知所措，还在惊讶原本很听话的孩子，咋就变成了另一个孩子了！这是很危险的情况，若无很好的教育跟进，以及没有恰当的心理疏导，或许孩子就由此走上了厌学、叛逆的道路，最终不仅在学习上掉队，而且在思品上也会出问题。也就是在人生道路上，拐向了我们所不希望的方向。

"女怕嫁错郎，男怕选错行"，这是民间俗语，也是经验之谈。在当下看来，或许就是考大学的专业选取问题，以及毕业后的择业走向问题。选对了，与自己的所爱与所长相匹配，这一生就可能会做出一定的成就，反之，选错了，或许一生就无法释放自己的能量，平平而已。

所以说，择业的定向也属于人生发展的一个重要"拐点"。

当然，决定人生发展品质的拐点不仅于此，还有许多客观情况，包括"遇到贵人帮扶"，一路畅通，以及"遇人不淑"而走入歧途，抑或碰上了种种机遇。甚至，"福兮祸所伏，祸兮福所倚"，好事变坏事，坏事成好事，在己所不能下被环境和事件改变了人生的轨迹。

总之，人生的轨迹并非完全由自己能够规划出来，但遇见了必然和偶然的拐点时，正是我们应该把握的机会。尤其是站在教育的角度上看，第一青春期必须引起家长和老师的重视，必须基于对生命的敬畏，基于对学生的负责，予以高度的重视与呵护，以理解和宽容的心态，用科学的方法，做好孩子们的人生导师，让孩子们赢在人生的拐点上。

图书在版编目（CIP）数据

解码学校教育:王国平学校管理文集/王国平著.
—济南:山东文艺出版社,2013.5
ISBN 978－7－5329－4049－3

Ⅰ.①解… Ⅱ.①王… Ⅲ.①学校管理—文集
Ⅳ.①G47－53

中国版本图书馆CIP数据核字(2013)第046911号

解码学校教育

王国平学校管理文集

王国平 著

主管部门	山东出版集团
集团网址	www.sdpress.com.cn
出版发行	山东文艺出版社
社　　址	山东省济南市英雄山路189号
邮　　编	250002
网　　址	www.sdwypress.com
读者服务	0531－82098776（总编室）
	0531－82098775（发行部）
电子邮箱	sdwy@sdpress.com.cn
印　　刷	山东德州新华印务有限责任公司
开　　本	710毫米×1000毫米　1/16
印　　张	20.25　插页/2
字　　数	238千字
版　　次	2013年5月第1版
印　　次	2013年5月第1次印刷
书　　号	ISBN 978－7－5329－4049－3
定　　价	32.00元

版权专有,侵权必究。如有图书质量问题,请与出版社联系调换。